How to
be an
Adult

어떻게
진짜 어른이
되는가

숨을 곳 없는 나를 위한 심리 치유서

데이비드 리코 지음
김미나 옮김

볼 것이 많은 세상일수록 우리의 눈은 더욱 완벽해지는 법이다.

— 테일하드 드 샤르댕Teilhard de Chardin

이 책은 효과적인 사랑을 하는 어른이 되는 법에 대한 지침서
이다. 여기에는 두 가지 주제가 있다. 하나는 강한 어른의 자
아ego를 갖추는 것이고, 다른 하나는 그 자아를 넘어 자기self의
영적인 힘을 발휘하는 것이다. 이것은 융 학파가 말하는 개체
의 '자아와 자기가 하나가 되는 연결 축'으로써 어른다운 책임
감을 가지고 비효율적인 습관들과 영원히 작별을 고하는 특별
한 여정이다. 제대로 된 어른이 되려면 심리적인 건강과 건전
한 영성을 모두 갖추어야 한다.

심리적인 건강이란 즐겁게 자아를 실현하고 그에 따른 책임
을 지면서 삶과 인간관계를 영위하는 능력이다. 영성이란 자아
에 대한 집착 없이 지금 이 순간에 살아 있음을 증명하는 것을

의미한다.(기성종교에서는 영성을 유체 분리처럼 오로지 초월적인 것으로만 보는 경향이 있지만 말이다.)

심리치료사로 일하면서 나는 감정적, 정신적 건강이 무조건적인 사랑에 기반을 두며, 행복하고 성숙한 사람들은 자신을 돌보는 동시에 남들에게 아낌없이 연민을 베푸는 요령을 터득한 자들이라는 결론에 이르렀다.

이 책은 매우 함축적으로 썼으므로 문장 하나, 인용구 하나마다 천천히 곱씹으며 한 번에 조금씩 읽을 것을 권한다. 급하게 서두르지 않고 이런저런 생각에 천천히 젖어들다 보면 자신의 개인사에서 미처 인지하지 못했던 부분들을 살피는 데 도움이 될 것이다.

커플이라면 몇 부분을 함께 크게 소리 내어 읽고 그에 대한 각자의 생각을 나누어보는 것도 재미있을 것이다. 환자들에게는 영역별 체크리스트로 이 책을 치료에 활용할 수도 있을 것이다.

우리들 모두에게는 결코 말하지 못한 비밀, 잠재우지 못한 오래된 슬픔, 의혹과 자기 의심, 유배당한 갈망, 풀지 못한 의미들처럼 저마다 가슴속에 묻어둔 유령이 하나둘씩 있다. 이책을 읽다 보면 무언가가 그 유령들 중 하나를 불러낼지도 모른다. 그러면 깊은 잠에서 깨어난 그 유령이 말을 하기 시작할 것이다. 그래서 갑자기 통찰력이 생길 수도 있고, 이전에는 전혀 몰랐던 어떤 연대감이 느껴질 수도 있고, 내면에 연쇄반응이 일어날 수도 있고, 무언가 통한 것 같은 느낌이 들 수도 있다. 아니면 마침내 모든 퍼즐 조각이 제자리를 찾은 것처럼 앞뒤가 딱 맞아떨어지게 될 수도 있다. 아주 오래전에 목소리를 빼앗긴 채 어딘가에 처박혀 있던 내 안의 일부분이 다시 소리를 내는 그런 순간이 오면 책을 옆으로 밀어놓고 주체할 수 없이 터져 나오는 기쁨의 함성에 귀를 기울이라.

나는 빛(자각, 진실, 사랑)은 결국 자신의 존재를 드러낼 수 있는 그만의 힘을 가지고 있다고 믿는다. 우리는 지난 수십 년간 공산주의에 맞서기 위해 무시무시한 무기들을 만들고 사용해 왔다. 그런데 불과 몇 달 만에 세계의 인식이 일제히 변하기 시작했다. 단 한 발의 총알도 쓰지 않고 철의 장막은 무너져 내렸고 자유의 빛이 퍼져 나갔다. 인간의 마음도 예외가 아니다. 자연스러운 타이밍을 존중하면 그 어떤 설득이나 강요도 필요 없다. 은총이 나타나고 우리가 그것을 받아들이면 빛이 우리를 가득 채운다. 그리고 우리는 처음으로 자유가 된다.

일단 이 낯익은 우주 안에서 우리의 '떠돌이' 신세를 자각하고 나면 우리의 경험들 중 그 어느 하나도 사소히 여기거나 빼놓지 않고 "이것이 나의 몸이야!"라고 외치게 된다. 그리고 인생의 모든 사건들을 우리에게 일어나는 일이 아니라 삶의 여정 속에 지나쳐 가는 풍경처럼 인식하게 된다. 우리는 낯선 힘의 희생양들이 아니라 끊임없이 펼쳐지는 풍요로운 우주적 여정의 조력자들이다. 스스로 변하려는 노력을 멈추고 자연스러운 흐름에 자신을 맡기라. 모든 위기는 변화의 성례가 되고, 모든 변형의 과정은 축복으로 가득 차게 될 것이다. 우리의 변화는 연민과 배려의 마음으로 이 세상에 주는 선물이다.

음악이 물결을 타고 내 옆을 지나쳐 갔네.

—『템페스트The Tempest』*

* 셰익스피어의 마지막 작품

차례

할머니 앤절라 마리아,

로라 숙모,

그리고 마거릿 숙모,

나의 유년기를 지켜준 따뜻한 세 은총에게 이 책을 바칩니다.

어른이 되는 영웅적인 여정

더 이상 욕망이나 두려움에 휘둘리지 않을 때…… 모든 시간의 형상 중에 영원의 빛을 보았을 때…… 문이 있을 거라고 상상조차 해보지 못했던 곳에서 문이 열리고…… 세계가 들어와 너를 도울 것이다…….

성 시메온이 말했다. "나의 집에서 그분을 보았다. 모든 일상의 것들 가운데 그분이 홀연히 모습을 드러내어 나의 손을 잡고 온전히 내게로 스며들어 불을 품은 쇠처럼, 빛을 품은 유리처럼. 온전히 나와 하나가 되었다. 그분은 나를 불과 빛처럼 만들어주셨다. 그리고 나는 이전에 아주 먼발치에서 바라보기만 했던 그것이 되었다. 나는 이 기적을 당신에게 어떻게 설명해야 하는지 모르겠다. 나는 자연에 의해 인간으로 태어났고, 은총에 의해 신이 되었다." 영웅

과 그의 유일신. 구하는 자와 발견된 자는 이 세계의 유일한 수수
께끼의 안과 밖이다. 영웅의 위대한 행보는 바로 이 합일을 깨닫고
그것을 널리 알리는 것이다.

— 조지프 캠벨Joseph Campbell*

자아와 심리적인 작업

의식적인 삶의 중심축을 자아ego라고 부른다. 자아는 두 가지
의 일을 동시에 수행한다.

우리가 지적인 평가와 판단을 내리고, 감정을 표현하고, 노
련하게 다른 사람들의 입장을 이해하는 현실적 원칙이 된다는
점에서 자아는 기능적이다.

그러나 집착과 중독, 이원성, 비판을 일삼게 되면 신경증적
인 자아가 되고, 극심한 두려움과 자기 억제, 기대 같은 것들
이 감정을 과장해서 자신이 특별한 대접을 받을 권리가 있다고
믿게 된다. 이런 속임수가 신경증적인 자아를 강하게 하여 계
속 우리를 묶어놓는다. 마음의 건강이란 심리적인 작업을 통해
기능적 자아의 영역을 점점 넓혀가는 동시에 신경증적인 자아
의 에너지를 해방시키고 전환하는 것을 의미한다.

심리적인 작업에는 단호함, 경험의 처리, 바디워크**, 행동
양식의 변화, 자존감의 구축, 감정의 카타르시스, 꿈의 해석,

* 미국의 세계적인 비교신화학자

일상생활의 개편 등 여러 종류가 있다. 마음의 준비가 되면 우리는 이 작업을 통해 통찰력과 변화를 경험하게 된다. 사람은 진정으로 마주할 준비가 된 것만 보게 되는 법이다. 정신과 주변 환경 간의 균형은 우리가 그럴 만한 힘을 가지고 있을 때에만 해야 할 일을 알려준다.

자기와 영적 수행

우리 정신의 중심(의식과 무의식을 통틀어)은 바로 자기self이다. 자기는 우리 내면의 원형적 전체성으로 자아의 반대되는 힘들 간에 지속적인 균형을 잡아준다. 노력과 방임, 상처와 용서, 통제와 항복, 갈등과 수용, 결점의 인식과 조건 없는 사랑을 중재하고 조화롭게 만드는 것이 자기인 것이다. 이는 자기가 순수하게 절대적인, 모든 것을 끌어안는 사랑이기 때문이다.

영적인 작업이란 우리 안에서 끊임없이 모습을 드러내고자 하는 무조건적인 사랑을 우리의 성품과 행동 속에서 구현하는 것을 의미한다.

자기는 언제나, 그리고 이미 완벽한 전체다. 우리는 심리적인 작업을 통해 변화하고 영적인 작업을 통해 실체를 드러낸다. 일상생활에서도 내적인 전체성을 명확하게 보여주는 것이다. 영적 작업에는 (자아의 활동에서와 같이) 일련의 훈련이 따

** 몸에서 몸으로 전달되는 소통 작용을 통해 인체의 구조와 기능을 향상시키고 신체적, 정신적으로 치유하는 작업

르는데, 이것은 목적을 위한 수단이 아니라 변화에 적응하게 만드는 오래된 방법들로 결과가 보증되는 것은 아니다. 훈련은 명상과 신체 단련, 이미지화, 전형적인 꿈 분석, 종교 의례, 시, 그리고 내적인 지혜와 신화, 의미 있는 우연, 텔레파시에 대한 관심처럼 미묘한 것들이다.

영웅과 여걸의 이야기는 집을 떠나 위험한 한계상황들을 뚫고 새로운 미지의 세계로 들어선 뒤 모험을 끝내고 나면 의식의 폭이 보다 넓어져서 집으로 돌아오는 과정에 대한 것이다. 그 여정은 보통 출발, 투쟁, 귀환의 세 단계로 나뉜다. 이는 신경증적인 자아에서 건강한 자아를 거쳐 정신적인 자아로 나아가는 과정에서 우리에게 벌어지는 일들에 대한 은유이기도 하다. 신경증적인 자아는 통제를 벗어나지 않으려고 고집을 부리며 '무엇이든 있는 그대로의 것'에 예스라고 대답하는 자기의 출현을 두려워한다. 자기에 대한 자아의 이런 두려움은 무조건적인 것에 대한 조건적인 것의 두려움이다. 두려움을 모르는 것을 두려워하는 것과 같은 역설인 것이다.

환상에 대한 집착을 버리는 것이 '출발'이다. 그리고 분명하고 책임감 있는 사람이 되기 위해 개인적으로, 또한 인간관계 속에서 노력하는 것이 '투쟁'이다. 이를 통해 우리는 보다 높은 차원의 인식에 도달하여 무조건적인 사랑이 우리의 진정한 정체성이라는 것을 깨닫게 된다. 이것이 우리의 근본적인 정체성으로의 '귀환'이다.

출발은 우리를 공포로부터 해방시켜주고, 투쟁은 통합을 이루어내며, 귀환은 변화를 불러온다.

이 책에서 우리는 유년기의 일들을 들추고, (우리가 원하는 것을 요구하고, 스스로 명확해지고, 자신의 감정에 책임을 지는 등의) 자기 표현을 하고, 공포와 분노, 죄책감을 마주하고, 자존감을 세우고, 개인적인 경계를 지키고, 진정한 친밀감을 맺고, 융통성 있는 조화를 이루고, 자신의 '그림자'와 친구가 되면서 출발과 투쟁의 길을 간다.

이 모든 과정은 두려워하고 집착하는 자아가 쌓아올린 숨막히는 감옥으로부터 벗어나 성숙한 어른의 삶으로 들어설 수 있는 힘을 준다. 그다음으로 (두려움과 욕망을 조절할 수 있는) 강력한 힘을 가진 자아는 초월적 자아가 되어 무조건적인 사랑을 할 수 있게 된다. 우리의 여정은 결국 두려움에서 출발해 힘을 거쳐 사랑으로 나아가는 것이다.

출발과 투쟁

우리를 행복하게 만들어주는 것, 행복을 지속시켜주는 것에 대한 환상에 강박적으로 집착할 때 우리는 자아의 덫에 걸려들고 치열하게 싸워서 얻은 것들에 대한 통제권을 지켜야 한다는 압박감에 시달리게 된다. 이 복잡하게 꼬인 실타래를 풀기 위해서는 우선 다음과 같은 환상에서 벗어나야 한다.

• 나는 주위에 있는 모든 것들로부터 분리된 견고한 독자성을 가지고 있다는 환상. 이러한 이원성은 오로지 자아에게만 보이는 것이다. 의식이 발달할수록 명백한 정반대의 것들이 이루어내는 합일을 보는 또다른 관점을 갖게 된다.

자아가 가진 시각의 이원성은 이음새 없이 이어지는 현실을 둘 중 하나, 혹은 좋고 나쁨, 나와 그들로 나누어서 보게 만든다. 이것은 적대적인 갈등을 불러오고 다른 사람들에게 나의 틀에 맞춰 변할 것을 요구하게 된다.

• 이런 이원성에서 나오는 두 번째 환상은 나의 갈망을 충족시켜주고 나의 필요에 부응하는 무언가가 존재하며 그것이 영원히 지속될 것이라는 믿음이다. 세상을 주체와 객체로 나누어 보는 이원성은 그리하여 어른 누구에게나 닥치는 변화와 단계들에서 어떤 사람이나 장소, 물건, 신념 등이 우리를 붙잡아줄 것이라는 파우스트식 거래*의 오류로 이어진다. 이 환상은 기쁨을 얻고 잃고 발견하고 획득하고 소유할 수 있는 하나의 상품으로 생각한다.

위험을 감수하고 이런 환상에서 벗어날 때 우리는 행복이란 이미 우리들 안에, 그때 그곳이 아니라 지금 바로 우리 곁에 있다는 것을 깨닫게 된다. 그런데도 우리가 계속해서 그 행복을

---

* 권력과 쾌락을 얻는 대가로 악마에게 영혼을 팔고 옳지 못한 일을 하기로 동의하는 것

놓치고 있다는 것은 수수께끼가 아닐 수 없다.

　일단 내 삶 속에 존재하는 사람들과 실제 상황들에 관심을 가지게 되면 마음속의 흥분을 발견하게 되고, 아나이스 닌Anais Nin*이 일기에 썼던 것처럼 '매일같이 나를 돌봐주는 진심어린 상상의 연인을 대신하게' 될 것이다.

　• 세 번째 과제는 우리가 모든 것을 통제하고 있다는 환상, 혹은 살아남기 위해 우리가 통제권을 쥐어야 한다는 환상에서 벗어나는 것이다. 우리는 자신이나 주변에서 일어날 지도 모르는 '변화'를 두려워한다. 혹시라도 감당하기 힘든 감정에 대면하거나 휩쓸리게 될까 봐, 혹은 인정을 받지 못하고 도태될까 봐 두렵다. 그러나 이것은 유년기의 등식이다. 사실 이 모든 두려움들은 어른이 되는 것에 대한 두려움이고, 우리가 의도하거나 선택하지 않은 현실에 맞부딪쳐야 한다는 두려움이며, 어떤 결과가 나올지 모른다는 것에 대한 두려움이다. 사실 두려움이란 '나는 통제력을 잃고 있어, 아니면 통제력을 잃을지도 몰라'라는 정보가 입력되었을 때 감정의 스크린 위에 나타나는 반응이다.

　통제를 스스로 푸는 일은 쉽지 않다. 우리가 통제를 벗어났다는 것을 명백하게 보여주는 일이 일어나야만 한다. 자아가

* 미국의 여류 소설가. 자유분방한 자신의 삶을 수십 년 동안 일기로 썼다.

무너진 상태가 되어야 우리는 비로소 꼭 쥐고 있던 손을 놓을 수 있다. 기구를 하늘 높이 띄우기 위해서는 모래주머니를 버려야 하는 것처럼 치명적인 상실은 결국 필연적인 상실인 것이다.

두 번째와 세 번째 환상 속의 두려움은 삶의 균형을 무너뜨리는 자아의 쌍둥이 같은 힘이다. 더 이상 두려움이나 욕망에 휘둘리지 않을 때 우리는 흔들림을 멈출 수 있다. 힘을 얻고자 하는 욕망이나 혹은 힘을 잃는 것에 대한 두려움에 휘둘리지 않고 굳건하게 두 발로 버티고 서 있는 것. 그것이 바로 현실감의 진정한 의미이다.

• 우리가 벗어나야 할 마지막 환상은 특권 의식, 즉 어른이 되어서도 아기 때와 마찬가지로 여전히 누군가의 보살핌을 받을 권리가 있다고 생각하는 시대착오적인 믿음이다. 우리는 모든 사람들이 우리를 믿어주어야 하고 사랑과 존경으로 대해야 한다는 잘못된 생각을 가지고 있다. 그래서 다른 사람들이 우리가 원하는 것을 진지하게 받아들이지 않고 특별 대우 해주지 않으며 무조건적으로 사랑해주지 않는다는 것을 알았을 때 격분하고, 이를 연인에서부터 고속도로에서 나를 추월한 운전자까지 모든 사람들에게 적용하는 것이다.

이런 믿음에서 벗어나기 위해서는 세상이 내게 좋은 패를 돌리든 나쁜 패를 돌리든 불평 없이 받아들이는 것이다. '운명

의 시련과 보상을 똑같이 감사하는 마음으로 받아들이는 사람'
(『햄릿Hamlet』)이 되는 것이다. 이는 인간에게 일어나는 모든 만
일의 사태들이 어떤 식으로든 정당하다는 것을 겸손하게 인정
하는 것이다. 우리의 특권 의식은 존재의 조건 앞에서는 겸손
해진다. 우리가 처한 환경과 위기들을 차단하지 않고 활용할
때 비로소 그것들은 앞으로의 나의 삶에 밑거름이 된다. 다음
에 몇 가지 선택의 예들이 있다.

받아들이기	활용하기	차단하기
상실	슬퍼하기	부인하기, 남의 탓으로 돌리기, 후회하기
거절	슬퍼하기, 하나의 정보로 받아들이기	자존감을 잃어버리기, 복수의 기회를 노리기
나의 실수들	잘못된 점을 시정하기	책임을 전가하기, 진실을 감추기, 아무런 시정 없이 자책감에 사로잡히기
질병	치료법을 찾기	부인하기, 자포자기하기
자연재해	재건하기	상황을 개선시키려는 노력 없이 피해자 역할에만 집중하기

　활용을 할수록 자존감은 높아지고, 차단을 할수록 자존감은
낮아진다.

노력과 은총

영웅담들을 보면 길을 떠나게 되는 계기가 보통 상실이나 우울증, 실수나 상처, 논리적인 설명이 불가능한 갈망, 혹은 사명감의 형태로 나타난다. 이 중 한 가지라도 일어난다면 변화의 부름을 받은 것이다. 이 여정은 언제나 소중한 무언가를 뒤로하고 떠나는 것을 의미하지만, 마이스터 에크하르트Meister Eckhart*가 말한 것처럼 "모든 것은 잃어버릴 운명이며, 영혼은 구속받지 않는 무無 위에 서 있는지 모른다." 여기에서 모순은 상실이야말로 무언가를 얻기 위한 길이라는 것이다.

그 부름에 응답하는 길은 환상에서 벗어나 개인적으로 어떤 상황이 벌어지든 그것을 받아들이는 것이다. 벗어나는 일과 붙잡고 놓지 않는 일을 동시에 해야 한다니, 인간에게 이보다 더 어려운 임무가 또 있을까! 그러나 이런 노력을 한 영웅들은 모두 신의 도움을 받는다. 이것이 바로 은총, 즉 우리가 자력으로는 찾을 수 없는 길, 의지력으로는 얻을 수 없는 힘, 인간의 한계를 초월한 정신력이다. 카를 융Carl Jung은 은총에 대해 이렇게 말했다. "우리가 가는 곳마다 이성으로 이해하기 힘든 수수께끼들과 논리로 설명할 수 없는 초자연적인 요인들에 둘러싸여 있다는 것을 아는 것은 치유의 힘을 가진 발견이다."

우리가 받아들인 도전에 맞는 적절한 힘을 찾아내려는 자각

---

* 중세 독일의 신비주의 사상가

이 은총을 이끌어낸다. (여기에서 은총은 육체적 진화에 있어서의 '비약적인 발전'에 맞먹는 심적 발전이다.) 온갖 노력을 쏟아부으며 전진하다 보면 어느 순간 저절로 앞으로 나아가게 된다. 고통을 이겨내고 살아남으려는 노력과 이런 노력에 의해 자연스럽게 변화하는 것, 이 절묘한 조합은 진정으로 영웅적인 것이 무엇인지를 말해준다. 그러면 우리는 융이 강조한 것처럼 "피할 수 없는 목표를 향해 운명에 질질 끌려가지 않고 허리를 꼿꼿하게 편 채 걸어갈 수 있다."

우리의 노력과 신의 은총은 영적인 동시성을 가진다. 개인적인 노력과 내면의 능력이 의미 있는 우연의 일치를 이루는 것이다. 노력이 은총을 만들어낼 수 없고 은총이 노력을 만들어낼 수도 없다. 아기 새가 부리로 껍질을 쪼기 시작하면 결국 껍질을 깰 수 있을 만큼 부리의 힘이 강해지는 것처럼 모든 일은 동시에 일어나는 것이다. 심리적인 작업에는 돌파구를 찾고자 하는 강력한 의지가 있어야 한다. 그러나 정신적으로 만반의 준비가 되어 있어야만 그러한 의지가 효과를 거두고, 결국에 가서 노력과 은총, 이 두 가지를 완전히 내 것으로 만들 수 있다. 하나의 세계는 지식으로, 나머지 하나의 세계는 믿음으로 붙잡는 것이다.

때로 우리의 노력은 단호하고 적극적이다가도 때로는 동시성에 집중하여 수용적이 되기도 한다. 우리는 직접 행동에 나서는 것에서 행동을 받아들이는 쪽으로 변해가면서 은총(능력)

을 발견하게 된다. "그러한 조화는 불멸의 영혼들에나 있는 것이다." (『베니스의 상인Merchant of Venice』)

금의환향

여행에서 돌아온다는 것은 삶에서 우리 안에 있는 무의식적인 힘을 표현해내야 하는 운명을 깨달았음을 의미한다. 이제 신경증적 자아는 기능적인 자아가 되어 영적 '자기'에 도움을 주기 시작한다. 이런 자기는 사람마다 독특하거나 개별적인 것이 아니라 모든 이들이 똑같이 가지고 있는 것이다. 우리가 집으로 돌아올 때 가지고 오는 선물은 나와 인류와 자연이 하나라는 깨침이다. 켄 윌버Ken Wilber*는 이렇게 말했다. "경계가 없는 의식의 영원한 빛 속에서 한때 고립되었다고 생각한 자아가 저 밖의 광대한 우주와 하나가 된다."

이 깨달음은 우리가 하는 사랑을 보편적이고 무조건적인 것으로 만들어준다. 이제 우리는 사랑이 자아를 넘어선 우리의 진정한 정체성이라는 것을 알게 된다. 모든 영웅들의 여정처럼 우리의 노력도 시작된 곳에서 끝을 본 것이다! 승려 시인인 하쿠인Hakuin**은 이를 이렇게 요약한다. "모든 존재는 깨우침에서부터 비롯된다. 바로 이 몸이 부처요, 지금 이 순간이 영겁이며, 내가 있는 이곳이 바로 극락이다."

* 미국의 대표적인 심리학자이자 저술가
** 일본의 임제종을 중흥한 고승

율리시스Ulysses*와 같이 우리는 트로이를 향한 여정만을 생각하며 고향 이타카를 뒤로한 채 길을 떠났지만, 그 지난한 투쟁이 오직 우리를 노련하고 지혜로운 진짜 제왕이 되어 집으로 돌아가게 만들기 위한 책략이었음을 알게 된다.

돌아온 탕아와 같이 멀고 먼 낯선 땅으로의 여행을 꿈꾸며 아버지의 집과 틀에 박힌 일상을 벗어났지만 결국에는 그것이 다시 집으로 돌아가는 길이었다는 것을 알게 될 뿐이다. 그러나 다시 돌아온 우리는 조건 없는 빛나는 사랑을 주고받을 줄 아는, 이전과는 전혀 다른 사람이 되어 있다.

기적이란 저 멀리 있다가 갑자기 나타난 치유의 힘에 달린 게 아니라, 우리 주위에 늘 있던 것을 볼 수 있게 된, 섬세해진 우리의 지각에 달린 것이다.

－윌라 캐더Willa Cather**

* 호메로스의 『오디세이』의 주인공인 '오디세우스'의 라틴어 이름. 이타카의 왕으로 트로이 전쟁에 나섰다가 고향으로 다시 돌아가기까지 10년이 걸렸다.
** 미국의 소설가

이 책의 각 장은 영웅적 여정의 세 단계를 하나로 아우르고 있다. 그러면서도 장마다 각각의 주제에 중점을 두어 정리했으므로 당신의 여정을 계획하는 데 도움이 될 것이다.

- 1부와 2부는 첫 번째와 두 번째 주제를 다룬다: '출발'과 '신경증적 자아'를 통해 '기능적인 자아'를 향해 나아가는 '투쟁'
  - 심리적 요법의 개인적 차원: 1장~6장
  - 영적 요법의 관계적 차원: 7장~8장
- 3부는 세 번째 주제를 분석한다: 통합-영적 자각이라는 선물을 공유하기 위해 귀환하기

1부

어른이 되기 위해
혼자 해내야 하는 일들

1

성장통과 성장

우리가 떠난 집, 우리가 지은 집, 우리가 치유한 집:
유년기의 경험은 어른이 되었을 때 우리의 관계에 어떤 영향을 미
치는가.

기본적인 욕구

우리는 사랑과 안전, 인정, 자유, 관심, 감정의 확인, 신체적
접촉에 대한 정서적인 욕구를 가지고 태어났다. 건강한 정체
성은 이러한 욕구들이 충족되었을 때 나타난다. D.W. 위니코
트D.W. Winnicott*는 "누군가 아기를 포근하게 감싸 안아줄 때

---

* 영국 출신의 소아과 의사이자 정신분석가

에만…… '나'를 자각하는 순간을 견디거나 그런 모험을 감행할 수 있다."고 했다. 우리 정체성의 기원은 바로 사랑이다.

비록 항상 의식하고 있지 않더라도 이러한 욕구들은 우리의 세포 하나하나에 각인되어 있다. 살아남기 위해 다른 사람에게 의존해야 했던 어린 시절을 벗어나 어른이 되어서도 여전히 기본적인 욕구를 채워줄 누군가를 찾는 것에 자신의 생존이 달려 있다고 느끼는 것이다. 그러나 이런 원시적인 욕구는 완전히 의존적인 시기인 유년기에만 온전히 충족될 수 있다. 어른이 되고 나서는 부분적으로만 충족이 가능하다. 이제는 상호 의존적인 관계가 되었고, 우리의 욕구 충족이 더 이상 생존이나 정체성과는 관련이 없어졌기 때문이다.

- 어린 시절에 욕구를 충족한 어른은,
 - 관계에서 적당히 욕구가 충족되면 만족할 줄 안다. (어른으로서 적당히, 그리고 충분히 만족하며 받아들인다.)
 - 조건 없이 사랑하는 법을 알고 관계에 집착하거나 학대를 참지 않는다.
 - 다른 사람보다 자기 자신을 신뢰하기에 다른 사람이 신의를 보여줄 때에는 그 마음을 있는 그대로 받아들이고 배신을 했을 때에도 실망을 다스릴 줄 안다.

- 어린 시절에 욕구를 채우지 못한 어른은,

- 욕구를 지나치게 과장하여 만족을 모르거나 집착한다.
- 어린 시절의 상처와 거절을 재현하는 상황을 자처하고, 자기 파괴적인 생각을 떨쳐버릴 수 있는 관계보다 그것을 유지할 수 있는 관계를 찾는다.
- 자신이 얼마나 학대를 받고 있으며 불행한지를 인정하지 않고 변할 가능성이 없는데도 변하기를 기대하며 견뎌 낸다.
- 자신의 감정을 아무도 보지 못하는 곳에 숨긴다. '감정을 감추는 것만이 나를 보호하는 유일한 방법인데, 사랑을 받기 위해서 자신을 드러내고 상처를 받을지도 모르는 위험을 어떻게 감수할 수 있겠는가?'
- 부정적인 관심을 사랑과 동일시하거나 신경증적 불안을 배려와 동일시하는 유년기의 실수를 반복한다.
- 진정한 사랑이나 숨김 없는 태도, 타인의 친절을 받는 것을 두려워한다. 원래 받아보지 못했던 것을 이제 와서 받아들일 수 없는 것이다.

내면의 아이
우리는 살면서 무엇이든 가질 수 있지만 우리 안에 신경을 갉아먹는, 말로 표현하기 힘든 갈망이 여전히 이빨을 드러내고 있음을 느낀다. 내 안의 아이는 예전에 갖지 못했으므로 이제 더 이상 가질 기회가 없게 된 것, 완벽한 부모를 아직도 그리워한다.

그러나 문제는 우리가 욕구를 채우지 못한 아이들이었다는 점이 아니라 그에 대해 지금까지도 슬퍼하지 않고 방치해둔 어른이라는 점에 있다. 상처받고 상실감에 빠지고 배신당한 우리 안의 아이는 자기가 빼앗긴 것에 소리치며 울고 싶어 하고, 어른이 된 이후에도 인간관계에 고통과 스트레스를 주며 영향을 미치는 욕구불만을 떨쳐버리고 싶어 한다. 사실 욕구불만이란 우리가 남들에게 무엇을 얼마나 바라는지를 보여주는 것이라기보다는, 자신의 황량한 과거를 얼마만큼이나 애도해야 하고 스스로를 돌보는 힘의 근원이 어디에 있는지 상기할 필요가 있음을 알려주는 것일 뿐이다.

참 자기True Self / 거짓된 자기False Self
: 조건 없는 자기Unconditional Self / 조건부 자기Conditional Self

자유로운 에너지와 충동, 감정과 창의력을 가진 우리의 참 자기가 부모들에게는 위협적으로 느껴졌는지도 모른다. 그들 역시 유년기에 부당한 괴롭힘을 당했지만 일생 동안 그 경험을 외면해왔기 때문이다. 그리고 우리에게 자신들의 두려움이 만들어낸 규칙들을 그대로 따라 행동하도록 가르쳤다. 그중 어떤 것들은 남들과 적당히 어울리는 데 도움이 되었고, 또 어떤 것들은 우리의 정체성에 대한 폭력이 되었다.

이때 우리는 부모의 인정을 받고 가족 안에서 자신의 역할을 유지하기 위해 거짓된 자기를 만들어냈다. 가족이라는 울타리 안에서만 안전을 보장받을 수 있다고 느꼈기 때문이다. 그러한 '울타리'는 그 뒤 오랜 습관과 행동 양식으로 굳어져 우리는 그 한계를 넘지 못하게 되고 말았다. 그것은 지혜로운(타성에 젖은) 선택이기는 했지만 어른이 된 지금에 와서는 더 이상 나에게 최선이 아니다. 거짓된 자기는 보통 남들은 즐겁게 하면서 나를 깎아내린다. 앨리스 밀러Alice Miller가 한 말처럼 "내가 그처럼 전투적으로 노력하고 스스로를 마모시켜가며 얻어낸 사랑은 나를 위한 것이 아니라 그들을 기쁘게 해주고 싶어 하는 또 다른 나를 위한 것이었다."

상실을 스스로 인정하고 애도하게 되면 이전에 한 번도 드러난 적이 없던 내면의 숨겨진 자질의 봉인이 풀리고 스스로가 대견하게 느껴질 것이다. 그리고 한결 가벼워진 마음으로 사람들이 이전보다 더 자신을 사랑한다는 것도 알게 될 것이다.

참다운 자기를 드러내는 것은 두려운 일이다. '만약 사람들이 내 본모습을 알게 되면 나를 좋아하지 않을 거야.'라는 말을 이렇게 바꿔보자. '나는 자유로운 사람이니까 무엇이든 원할 수 있고 본모습을 보여주는 행동을 할 수도 있어. 나는 사람들이 내 모습 그대로를 봐줬으면 좋겠어.' 우리의 자유는 이제 '가장 순수한 내적 가능성을 이루기 위해 어떠한 한계도 두지 않는 끊임없는 의지'(릴케Rilke*)를 쏟아낸다.

* 라이너 마리아 릴케. 독일의 시인

기능적 가족

기능적인 가족은 저마다의 욕구를 채워주고 감정적, 신체적 안전을 보장하며 개인적인 경계를 존중해주고 자존감을 키워준다. 그 안에서 우리는 만족스러운 유년기를 보내고 어른이 되기 위한 준비를 마친다.

역기능적 가족은 욕구들이 방치되고 신체적, 감정적, 성적 학대가 일어나고 개인적인 경계는 침해당하기 일쑤이며 자존감을 계속해서 약화시킨다. 자각을 하든 하지 못하든 유년기는 만족스럽지 못하게 끝이 나고 어른이 되어 친밀감을 형성하는 데 있어서 정서 장애를 가져온다.

그 어떤 가족도 완벽하게 기능적일 수는 없지만 사랑이 충만하고 용기를 북돋아주는 가정환경과 '괜찮은 양육자'가 있는 경우에 건강한 자기 개념이 보다 쉽게 발달한다.

- 만일 당신의 가족이 진정으로 기능적이라면,
- 당신은 무슨 말이든 할 수 있고 어떤 감정이든 표현할 수 있다.
- 학교 성적이나 운동경기에서 몇 등을 했느냐에 따라 인정을 받는 것이 아니다.
- 부모가 서로에게, 그리고 당신에게 애정과 분노, 기쁨과 슬픔, 그리고 두려움을 드러내는 것을 종종 보게 된다.
- 부모 중 어느 한쪽도 당신을 자신의 욕심을 채우는 데 이

용하지 않는다.

– 형제자매들 중 그 누구도 혼자서만 특별 대우를 받거나 희생양이 되지 않는다. 그리고 일방적으로 다른 형제자매들을 돌볼 책임을 떠맡거나 방치되거나 거부당하지 않는다.
– 실패는 언제든 만회할 수 있다.
– 가족 구성원은 당신의 적이 아니라 동반자라는 것을 일깨워주는 일이 되풀이된다.
– 서로에게 비밀이 없다.
– 부모가 당신에게 사과를 할 수도 있다.
– 가족 내에 일어나는 모든 변화, 위기, 혹은 획기적인 사건에 대해 서로 터놓고 이야기하며 함께 견디고 모두가 당신의 감정에 따뜻한 관심을 갖는다.
– 부부 중 어느 한쪽이 술이나 도박에 중독되었거나 근친상간이나 학대로 죄책감에 시달리면서도 도움을 청하기를 거부하고 있다는 것을 다른 한쪽이 알았을 때 부부의 연을 끝낸다.
– 부모는 텔레비전보다 당신에게 더 많은 관심을 기울인다.

어른의 사랑

우리는 유년기에 각기 다른 방식으로 사랑을 경험한다. 어떤 이들에게 사랑은 진지하게 대해주는 것을 의미하고, 또 어떤 이들에게 사랑은 관심과 신체적인 접촉, 우리에게 무언가를 주거나 우리를 위해 무언가를 해주는 것, 충실함 등을 의미한다. 모든 사람에게 통하는 절대적인 사랑의 방식이란 존재하지 않는다. 사랑은 주관적인 것이다. 사람은 저마다 자신이 배운 방식대로 사랑을 인지한다. "우리를 좀 더 지혜롭게 만들어준 영혼들, 우리가 생각한 것을 말해준 영혼들, 우리가 아는 것을 들려준 영혼들, 우리를 참모습 그대로 있게 해준 영혼들과 나누었던 이야기들은 빛나는 기억으로 남아 있다."고 랄프 왈도 에머슨Ralph Waldo Emerson*은 말했다.

어른이 된 후 오래전에 받았던 것과 똑같은 원초적이고 진실한 사랑을 누군가 내게 보여줄 때 우리는 진정으로 사랑받고 있다고 느낀다. 어른들의 사랑은 각자 자신이 어떤 방식으로 해야 사랑을 느끼는지를 알고 상대방에게 이런 이야기를 할 때 가장 원만하게 진행된다. 이렇게 해야 각자의 특별한 요구에 맞춘 사랑의 표현이 가능하기 때문이다. 결과적으로 우리는 구태의연하고 제한적인 방식이 아니라 그것을 확대한 새로운 방식에 마음을 열게 되는 것이다.

물론 우리는, 누군가가 우연히 사랑에 대한 나의 특별한 취향을 딱 맞추기는 했지만 시작만 그런 것이지 계속 그럴 마음은 추호도 없음에도 불구하고 그/그녀가 나를 진정으로 사랑한다는 헛된 믿음에 빠져들 수도 있다.

* 미국의 사상가이자 시인

사랑을 원하는 것은 괜찮지만 다른 성인(현재 우리의 부모를 포함하여)에게 우리의 원초적인 욕구를 채워달라고 요구하는 것은 부당하고 비현실적인 일이다. 우리들 대부분은 의식적, 무의식적인 정신적 상처들과 감정적으로 해결하지 못한 일들을 짊어지고 유년기를 벗어난다. 미완성인 채로 놔둔 것들은 언젠가는 반드시 반복된다. 방치된 어린 시절의 트라우마는 그렇게 성인기의 짜증 나는 드라마로 다시 태어난다.

'완벽한 파트너'에 대한 우리의 환상, 바꾸지도 벗어나지도 못하는 관계에 대한 절망, 혹은 관계에서 계속해서 드러나는 갈등은 우리의 충족되지 못한 근본적인 상처와 욕구를 드리낸다. 우리는 우리가 놓쳐버린 것들을 타인으로부터 얻기 위해 애를 쓰고 있는 것이다. 그러나 한번 놓친 것은 결코 만회할 수 없으며 우리가 할 수 있는 일은 그저 애도하며 놓아 보내는 것뿐이다. 그렇게 해야만 우리는 어른 대 어른으로 관계를 맺을 수 있게 된다.

우리는 상대방에게 이런 말을 할 수도 있다. '여기 내가 어린 시절 놓쳐버린 것들이자 지금 내가 갈망하는 것들의 리스트가 있어. 그렇다고 나에게 이것들을 해주려고 하지는 말아줘. 이건 사실 내가 나를 위해 무엇을 해야 할지를 보여주는 것이니까. 내가 나의 지난날들에 대한 애도를 끝내고 더 이상 이런 것들에 필사적으로 매달리지 않게 될 때 비로소 나는 당신에게 이것들을 달라고 말할 수 있고, 또 그것이 무엇이든 있는 그대로 받아들일 수 있어.' 여기에서 모순은 명확하다. 우리는 오로지 더이상 필요로 하지 않게 된 것들만을 자유롭게 요구할 수 있다. 에머슨이 깊이 주시한 바와 같이 "반인반신들이 떠날 때 신들이 도래한다."

건강한 어른은 남녀 관계를 이용하여 해결되지 않은 유년기의 난제들을 처리하려는 부정적인 유혹에 빠져들지 않는다. 이와 같은 시도는 오히려 유년기의 드라마를 되살릴 뿐이다. 오직 스스로를 책임지려는 내적인 노력과 애도 작업griefwork만이 대단원의 막을 내리게 할 수 있다.

우리의 몸은 유년기의 두려움이나 학대에 대한 시나리오들을 기억하고 있다. 그러나 이런 기억에 매달린다는 것은 역설적이게도 비밀 유지를 서약하는 것과 마찬가지이다. 그렇게 되면 우리는 의식적으로 기억을 떠올리거나 무슨 일이 있었는지 이야기할 수가 없게 되기 때문이다. 남녀 관계에 있어 세포의 자동 반사작용은 과거의 상처를 떠올리게 만드는 동시에 우리를 혼란에 빠트린다. '어째서 나는 그녀가 가까이 다가올 때마다 밀어내는 거지? 이렇게 친밀해지는 것이 예전의 나에게 위험한 것이었나? 그렇지만 나는 언제나 이렇게 사랑받기를 원했는데…….'

사연을 스스로 털어놓을 때까지 아주 오랜 시간이 걸릴 수도 있고, 아니면 적당한 상황이나 편하게 마음을 열어 보일 수 있는 누군가가 필요할 수도 있다. 그런 순간이 오면 기억들이 되살아나면서 우리는 처음으로 그것에 대해 이야기하는 자신의 목소리를 듣게 된다. 이 심오한 해방은 애도 작업이라는 치유의 방식을 우리에게 가르쳐준다.

건강한 어른은 남녀 관계에 닥친 문제가 현재의 갈등 때문인지 아니면 과거의 해결되지 못한 고통 때문인지 분간할 수 있다. 격렬한 감정들이 이 오래된 고통의 존재를 귀띔해주고 있는 것이다. 그/그녀는 그 감정들이 과거에 익숙했던 것이라는 걸 솔직하게 인정하고, 과격한 반응에 대한 책임을 지면서 지금 내 곁에 있는 사람을 흐지부지하게 끝나버린 과거의 일에 연루시키기지 않는다. 그것은 현재의 스트레스를 근원적인 고통과 결부시키는 짓이므로 결과보다는 원인을 먼저 처리해야 한다.

어른의 사랑에서 역경이란 감동적이고도 혼란스러운 것이다. 계속해서 붙들고 지키기 위해 노력하는 한편 집착을 놓기 위해 발버둥을 친다. 우리는 세포 하나하나가 기억하는 사랑, 끊임없이 나에게 위안이 되는 사랑에 열렬하게 매달리고 싶어한다. 그리고 우리는 세포 하나하나가 기억하는 상처, 끊임없이 우리를 아프게 하는 상처로부터 필사적으로 벗어나고 싶어한다. 제대로 된 관계라면 이 두 가지의 인간적 과제를 모두 충족시킬 수 있어야 한다. 지금 받고 있는 사랑을 자양분으로 삼아 성장하며 과거에 받았던 고통을 이겨내는 것이다.

현재의 사랑과 고통은 과거의 사랑과 고통에 직접적으로 연결되어 있다. 우리가 가진 조건의 연속성을 인정하고 나면 개인적으로 해야 할 일이 무엇인지 명확하게 보인다. 남녀 관계나 결혼은 이를 위한 최적의 환경을 제공해준다. 파트너가 사랑과 고통을 동시에 불러일으키고 이에 건강하게 반응하도록 도와주기 때문이다. 살면서 사랑이나 상처들로부터 도망만 치다 보면 얼마나 많은 것들을 놓치게 될까! 자신의 지나온 삶과 단절되면서 그것을 치유할 수도 없게 되고, 과거와 연결된 끈이 모두 떨어져 나가면서 '지금 여기'에 존재할 수 있는 기회도 잃게 된다.

애도와 내려놓기

> 처음에는 한 컵의 슬픔이었던 것이 결국에는 불멸의 와인이 된다.
>
> —『바가바드기타Bhagavad-Gita』*

애도, 즉 기억의 치유는 상실에 가장 적절하게 대응하는 방법이다. 순서와 시간은 사람마다 다르지만 보통 다음의 과정을 거쳐 이루어진다.

- 우리가 보거나 느꼈던 모든 고통과 유기, 배신과 학대를

---

* 힌두교의 3대 경전의 하나로 꼽히는 철학서

떠올리는 것. 이것이 실제로 무슨 일이 있었는지에 대한 구체적인 기억일 필요는 없다. 몸은 정신보다 훨씬 더 신뢰할 수 있는 기억력을 가지고 있기 때문에 박탈감이나 상실감을 느끼는 것만으로 충분하다.

• 완전히 인정하고 체험하고 감정(슬픔이나 아픔, 분노, 두려움 같은)을 표현하면서 문제의 해결(카타르시스)을 가져오는 것. 눈물은 슬픔을 드러내기는 해도 완전히 소멸시키지는 못하므로 슬픔을 극복하는 데에는 별로 쓸모가 없다.

오랫동안 표현되지 못한 슬픔은 그 칼날을 우리 자신에게로 겨누게 된다. 그래서 분노는 신랄함이 되고, 슬픔은 절망이 되며, 상처는 자기 연민이 된다. 그러므로 '나는 부모님에 대한 감정이 별로 좋지 않아.'라는 말은 '나는 부모님에 대한 나의 분노를 한 번도 적절하게 표현하거나 풀어본 적이 없어. 그러니 나의 신랄함은 내가 충분히 슬퍼한 적이 없다는 사실을 경고하는 거지.'라는 뜻이다.

우리는 직접적으로 고통을 준 사람에게, 혹은 치료를 받는 중에, 또는 혼자서 감정을 표현할 수 있다. 여기에서 중요한 것은 애도 작업을 하면서 계속 '잘 가.'라고 말을 하는 것(작별 인사를 하는 것)이다.

배신, 유기, 거절, 실망, 굴욕, 고립 등은 감정이 아니라 믿음이다. 이런 믿음들은 우리를 자신이 만들어낸 이야기 속에 가두고 상실을 있는 그대로 보지 못하게 만든다. 그리고 미묘한 비난의 형태를 띠면서 상처받은 자아를 정당화시키고 응석을 받아주고 편을 들어주며 우리를 진정한 슬픔에 집중하지 못하도록 한다. 이는 진정한 애도의 감정에 집중할 수 없게 만들고 애도 작업을 혼란에 빠트리게 된다. 따라서 남의 탓으로 돌리지 않는 분노가 반드시 필요하다.

'나의 실망 뒤에 슬픔이 있다는 걸 인정하고 느끼는' 것처럼 믿음 뒤에 도사리고 있는 진정한 감정이 무엇인지 찾아내는 것도 도움이 된다. 다른 사람들이 우리를 어떻게 대했는지(피해자로서)가 아니라 우리의 감정을 어떻게 표현하고 끝낼 것인지(책임을 지는 주체로서)에 주목하는 것이다. 감정에 대한 관심에서부터 심리 치료가 시작된다.

• 재연: 적극적이고 거리낌 없이 자신의 이야기를 하는 어린 시절의 나를 상상한다. 이는 부모가 나에게 투사했던 자신들의 고통을 다시 그들에게 돌려주는 것이다.

유년기를 보낸 집을 그려보라. 그리고 학대나 방치의 현장을 떠올려라. 이제 그 똑같은 과거의 장면 속에서 단호하게 행동하며 스스로를 방어하고 있는 자신의 모습을 상상하라. 피해자로서가 아니라 이제는 힘을 가진 자로서 그 장면을 다시 경험해보는 것이다. 당신은 더 이상 다른 누군가의 고통을 대신 짊어지고 있지 않다.

• 다른 사람들이 나의 욕구를 채워줄 거라는 기대를 버린다.

이제라도 어린 시절의 내가 원했던 만큼 자신의 욕구에 충분한 관심을 가진다. 부모가 나에게 해주지 못한 욕구 충족을 다른 사람이나 어떤 물건으로 대체하려고 하지 않는다. 나는 나 자신을 믿고 나의 개인적 역량을 믿기에 두려움이나 욕망에 대한 집착으로부터 자유로워질 수 있다.

• 상실을 보상하는 나만의 방식을 갖게 된 것에 대해 감사하며, 이제 그만한 힘을 충분히 가지고 있음을 확신한다.

유년기에 스스로를 보호하기 위해 생각해낸 꽤 그럴듯한 묘책들을 기억하고 스스로를 자랑스럽게 생각하라. 상처는 어떤 면에서 선물과도 같다. 배신과 상처가 결코 정당한 것은 아니지만 감수성과 마음의 깊이, 불굴의 용기와 자립심, 공감 능력을 기르기 위해서는 누구에게나 필요한 것이기 때문이다. 요셉이 숙명의 과업을 완수하기 전에 자신의 형제로부터 배신당해야 했던 것처럼 말이다.

• 부모에 대한 용서

반사적인 연민은 감정적인 문제가 완전히 해소되었다는 신호이다. 용서는 분노와 슬픔이 분출되고 나서야 가능한 것이며, 그러기 전에는 해결이 아니라 그저 봐주는 것일 뿐이다. 폴 틸리히Paul Tillich*는 "용서란 망각의 가장 고도의 형태이다.

기억하고 있음에도 불구하고 잊으려는 것이기 때문이다."라고
말했다.

다섯 단계의 절차 :
– 부모가 나를 감싸주지 못한 것에 대해 슬프고 화가 난다.
– 어린 시절 멋지게 소신을 밝히는 내 모습을 상상한다.
– 이제는 내 편이 되어줄 사람이 있을 거라는 기대를 버리
  고(남들이 그렇게 해주면 고맙기는 하겠지만) 혼자서도 충분한
  힘을 가지고 홀로서기를 한다.
– 과거의 경험들을 통해 스스로를 돌보는 법을 배웠다는 점
  에 대해 감사하는 마음을 갖는다.
– 나를 제대로 감싸주지 못한 부모를 용서한다.

• 애도 작업에서 우리가 무엇을 느꼈으며 무엇을 이루었는
가를 확인하는 의식을 갖는다. 의식이란 목적을 규정하거나 성
취를 기념하기 위한 몸짓이다. 예를 들면 전체 과정을 종이에
쓰고 나서 그것을 태우고, 그 재를 나무나 꽃과 함께 심으면서
'잘 가.'라고 얘기하는 것이다. 슬픔을 증류하여 한마디의 말로
바꾸고 그것을 적은 종이를 재와 함께 묻는 것도 유용한 방법
이다. 아니면, 이런 전체적인 절차에 대해 누군가와 터놓고 이

* 독일의 프로테스탄트 신학자이자 철학자

야기하는 것 또한 중요한 완결의 의식이 될 수 있다.

• 되돌릴 수 없는 과거의 피해자로서가 아니라 스스로를 돌볼 줄 아는 어른으로서의 삶을 살아 나가는 것. 이제 우리는 더이상 스스로에게 친절을 베풀거나 넘치게 무언가를 해주는 일이 두렵지 않다. 더 이상 무언가를 빼앗기지도 않을 것이고 고통에 몸부림치며 살지도 않을 것이다. 이러한 '자기 양육self-parenting'은 진정한 친밀감을 맺는 데 있어 최고의 조건이다. 모든 훌륭한 부모들이 하는 것처럼 고립된 새장에서 바깥세상으로 나아가는 다리가 되어주기 때문이다. 이를 통해 우리는 의존을 끝내고 파트너와 동등한 입장에서 관계를 맺게 된다. 이제 '욕구 충족'은 더욱 풍요로워진다. 스스로를 돌볼 줄 아는 사람들만이 어른다운 사랑을 방해하는 가장 큰 두 가지 장애물, 즉 끊임없이 애정과 관심에 목말라하는 것과 상대방의 보호자가 되는 것에서부터 자유로워질 수 있다. "친구여, 나는 더 이상 네가 필요하지 않을 때 너에게로 돌아올 것이다. 그때에 비로소 너는 사랑에 굶주린 빈민구호소가 아니라 궁전을 보게 될 것이다."라고 소로Thoreau*는 말했다.

애도 작업의 진정한 치유의 힘은 과거와 현재에까지 미친다. 우리가 애도하는 각각의 문제들은 우리가 관심을 기울여야

---

* 헨리 데이비드 소로. 미국의 사상가이자 문학가

할 두 가지 영역, 즉 과거에 경험했던 상실과 방치, 그리고 근원적인 상처로부터 비롯된 평생의 습관을 모두 보여준다.

예를 들어 어린 시절에 당신은 부모가 당신의 말에 귀를 기울이지 않는다고 한탄했다. 그리고 어른이 된 지금 당신은 자신이 주위 사람들에게 자신의 감정을 감추며 살고 있다는 것을 깨닫는다. 이 비밀주의는 부모의 일방적인 명령에 지나치게 순응하던 것이 평생의 습관으로 굳어진 것이다. 그들은 아마도 당신을 제대로 알게 되는 것이 두려웠을 것이고, 이제 당신은 다른 사람들이 당신을 제대로 알게 되는 것이 두려운 것이다.

과거에 대한 애도가 완전히 끝나야 현재도 함께 치유된다. 과거에 묶여 있던 에너지를 새로운 삶에 다시 투자할 수 있게 되는 것이다. 다시 예를 한번 들어보자. 당신은 더 많은 사람들에게 점점 더 많이 속내를 드러낼 결심을 한다. 그렇게 비밀주의를 버렸는데도 당신에게는 아무런 일도 일어나지 않는다. 당신이 마음을 여는 것을 거부하거나 이를 이용해 배신하는 사람도 있지만 당신을 이전보다 더 사랑하게 될 이들도 있을 것이다. 그러나 그들의 반응은 부차적인 것이다. 당신의 두려움이 융통성으로 바뀌었기 때문이다. 이제 당신은 이미 오래전에 할퀴고 지나간 손톱의 흔적을 말끔하게 지우고, 상처가 아문 과거에서 새롭게 발견한 힘으로 현재에 남은 흉터를 치유한다.

평생의 과제

위에서 설명한 모델은 어떤 애도의 영역에도 다 적용할 수 있다. 애도 작업은 우리가 잃거나 떠나온 모든 것들, 평범한 단계의 분노와 부정(불신), 협상, 우울, 수용, 접근 등을 포함한다. 이것들은 우리가 인생을 사는 동안 각기 다른 사건들 속에서 반복되기도 하지만 그때마다 심신이 약해지는 정도는 줄어들고 개인적인 힘은 커져간다. 그리고 결국 고통스러운 슬픔이 사라지고 가벼운 애도만으로 충분해진다. 마침내 지나온 삶의 궤적에 더 이상 끌려다니거나 매몰되지 않고 받아들일 수 있게 되는 것이다.

건강한 성인은 그/그녀의 과거에서 상처가 되는 일들을 충분히 애도하고 털어내면서 하나의 사실로 만든다. 이 과정에서 기억은 그대로 간직하되 그 일에 집착하고 건강한 관계를 해치는 상처에 대한 강박은 버린다. 그러나 슬픔을 극복하기 위해 얼마나 노력을 하든 상실을 상기시키는 일들은 계속해서 일어난다. 이런 의미에서 슬픔은 평생의 과제인 것이다.

결론

애도는 우리가 쌓아온 환상을 해체하고 유년기의 비밀들을 드러낸다. 처음에는 두려울 수도 있지만 애도 작업을 하는 도중 적당한 타이밍에 자연스럽게 그런 순간이 닥치면 깊은 해방감이 밀려든다. 환상에서 완전히 벗어나게 되면 다시는 절망에 빠질 필요가 없는 것이다.

애도는 한때 가졌던 것의 상실이나 필요한 것들을 다 갖지 못했다는 슬픈 깨달음에 대한 대응이다. 우리는 우리가 잃어버린 것들을 다시 되돌릴 수 없음을, 그리고 우리가 놓쳐버린 것들은 다른 무엇으로도 대체할 수 없음을 슬퍼하는 것이다. 오직 이 두 가지의 깨달음만이 애도를 결심하게 한다. 우리가 진정으로 빼앗긴 채 살았으며 여전히 빼앗긴 채 살고 있다는 사실을 그대로 받아들이는 것이기 때문이다. 이렇듯 이미 사라져서 돌이킬 수 없는 것들에 대해 깊이 인정하게 되면 우리는 부모나 파트너에게서 그것을 되찾고자 하는 끝없는 욕구를 깨끗하게 정리할 수 있다. 잃어버린 것을 되찾고 싶어 한다는 것은 그 빈자리가 절대적이라는 사실을 부정한다는 것이다. 어린 시절의 욕구불만에서 벗어날 때 비로소 어른으로서의 욕구 충족이 가능해진다.

의식적인 애도 작업은 상실이라는 아픈 현실과 맞대면하는 용기를 드러내면서 우리의 자존감을 세워준다. 슬픔과 분노와 상처를 향해 '예스'라고 말할 수 있는 어른임을 입증하는 것이다. 진실에 대한 이런 영웅적인 포용은 공허함을 수용 공간으로 바꾸어놓는다. 융이 말한 것처럼 "당신의 내적인 공허함은 오직 당신이 인정할 때에만 위대한 풍요로움을 감추고 있는 것이 된다."

심리적 작업은 개인적인 무의식의 혼돈으로부터 일관성 있는 의식의 통합을 향해 나아가는 것이다. 그 영적 경로는 우리에게 우주적(집단적) 무의식과 완벽한 개별화individuation라는 보물을 안겨준다. 삶의 모든 것은 제아무리 끔찍한 일이라고 하더라도 내면의 힘으로 치유할 수 있다. 융은 "아버지 어머니와 함께 수많은 사다리들을 오르내린 여정은 미처 통합되지 못한 어린 시절의 일들을 보여주는 것이다…… 이 개인적인 무의식을 제일 먼저 처리하지 않으면 집단 무의식으로 가는 문은 열리지 않는다."라고 말했다.

어른으로서 우리의 심리적-영적 작업은 영웅의 여정과도 같다. 영웅이란 온갖 고난을 뚫고 살아남는 과정에서 완전히 변모한 인물을 말한다. 디오니소스나 모세와 예수에서 보는 것처럼 신화 속에서 대부분의 영웅은 어린 시절에 위협을 당하거나 상처를 받거나 거부당하는 경험을 한다. 마리 루이제 폰 프란츠Marie-Louise von Franz*가 지적한 것처럼 "신성한 아이는 언제나 위험으로부터 빠져나간다. 그런 위험들은 갓 태어났지만 이미 엄청난 힘을 가지고 있는 아이에게 대항하려는 어둠의 마지막 몸부림이다."

유년기를 거치면서 상처를 입지 않고 부모로부터 보호와 존중. 정직한 대우를 받았던 사람들은 어려서나 어른이 되어서나 총명하고

---

* 칼 융의 마지막 제자 가운데 한 사람이자 탁월한 꿈 분석가

호응이 빠르고 공감할 줄 알며 감수성이 뛰어나다. 그들은 삶의 기쁨을 알고 자신이나 다른 사람을 죽이거나 다치게 할 그 어떤 필요성도 느끼지 못한다. 남을 공격하기 위해서가 아니라 스스로를 방어하기 위해 자신의 힘을 사용하며 자식들을 포함해서 자신보다 약한 사람들은 당연히 존중하고 보호해야 할 대상으로 여긴다. 그들은 이것을 경험으로 배웠고, 태어났을 때부터 그렇게 하도록 내면에 차곡차곡 지식(잔인한 경험이 아닌)을 쌓아왔기 때문이다. 이런 사람들은 어째서 앞선 세대들이 이 세계의 평안과 안전을 위해 그토록 거대한 군수산업을 일으켜야 했는지 이해할 수 없을 것이다. 이른 나이에 위협을 경험하고 이로부터 벗어나는 것을 무의식적인 일생의 과제로 삼을 필요가 없었기에 그들은 어른이 되고 나서 부딪치는 난관에 좀 더 이성적이고 창조적으로 대처할 수 있다.

— 앨리스 밀러Alice Miller*

* 세계적인 아동심리학자이자 심리 치료의 권위자

2
자기주장의 기술

자신을 내려놓고 있는 그대로 내버려 두는 법을 배운 사람에게는 더 이상 방해가 될 것이 아무것도 없다.

— 마이스터 에크하르트Meister Eckhart

단호함은 개인적인 힘이다:

- 자신의 감정과 선택, 과제를 명확하게 한다.
- 자신이 원하는 것을 요청할 수 있다.
- 자신의 감정과 행동에 대해 책임을 진다.

유용한 원칙들

다음의 원칙들에서 우리는 오래된 습관이 어떻게 새로운 반복적 행동 양식으로 변하는지를 볼 수 있다. 이런 인간 본연의 비효율적 행동을 인지하고 이로부터 벗어난다면 창의적이고 어른다운 책임감을 갖게 된다.

• 어린 시절에 당신은 아래와 같은 행동들이 적절치 못하다고 배웠다:
 − 솔직한 감정을 내보이는 것
 − 터놓고 주고받는 것
 − 무언가를 직접적으로 요청하는 것
 − 의견을 말하는 것
 − 스스로의 이익을 챙기는 것
 − 자신이 원하지 않는 것에 대해 '아니오.'라고 말하는 것
 − 풍족함을 누리는 것이 당연하다는 듯 행동하는 것

우리를 힘없는 존재로 만들기 위한 이 금지령들을 내면화하면서 우리는 스스로를 망가뜨리고 무능력한 어른이 되었다. 일체성을 향한 우리의 여정은 바로 그 상처받은 지점에서부터 시작된다.

• 자기 확신에 찬 행동을 할 때 처음에는 자신이 허영심에 젖어 있거나, 냉정하거나, 옹졸하거나, 무례하거나, 이기적이거나, 비열한 게 아닌가 하는 생각이 들지도 모른다. 이런 판단들은 내적인 비판(주로 역사가 아주 오래된)에서 나오는 것이

다. 그 목소리를 애써 부인하거나 뿌리 뽑으려고 하지 말고 당신이 원하는 것이나 필요로 하는 것들의 가치를 존중하라. 행동은 태도를 바꾼다. 내면의 비판을 거듭 외면하다 보면 점차 조용해지고 자존감이 솟아나게 될 것이다.

• 자기 확신에 대한 훈련은 행동을 의미한다. 이미 건강한 사람이 된 것처럼 행동하라. 스스로 좀 더 나아졌다고 느끼거나 충분한 능력을 갖추었다는 확신이 들 때까지 기다리지 말라. 자기실현이 된 것처럼 행동하면 신념이 따라올 것이다. 두려움이 사라질 때까지 기다리는 대신 두려움과 함께 행동하라. '그런 척 행동하는 것'은 하나의 놀이라고 볼 수 있다. 놀이에서 이기는 법은 서로 반대되는 것들을 결합하는 것이다. 내가 지금보다 훨씬 나은 사람인 척 행동하는 것은 습관에 젖은 낡은 자신의 이미지와 새로운 자기new self의 이미지를 창의적으로 가지고 노는 것이다. 이 새로운 자기는 '그런 척 행동'하면서 연출한 이미지대로 만들어진다.

• 자기주장의 기술은 당신이 원하는 것을 강하게 청하고 그에 대한 대답이 '노No'일 경우 미련 없이 마음을 접는 것이다. 이는 한결같은 인내심과 남들 눈에는 자칫 자신을 학대하는 것처럼 비춰질 수도 있는 고집 사이를 아슬아슬하게 오고간다. 수동적인 사람들은 자신들이 원하는 것을 청하지 않고, 공격적

인 사람들은 자신들이 원하는 것을 얻기 위해 (대놓고) 요구하거나 (은밀하게) 남의 마음을 조종한다. 그러나 확신에 찬 사람들은 자신을 억제하거나 타인을 압박하지 않고 요청을 한다.

• 다른 사람들이 당신의 주장을 공격적으로 받아들인다면 좀 더 부드럽게 태도의 수위를 조정할 필요가 있다. 그리고 사랑하는 사람들에게는 당신이 원하는 것을 고집하는 것이 아니라 그저 청하는 것일 뿐이라고 안심시켜주어라. 그 누구라도 당신에게 '노'라고 말할 권리가 있다는 것을 인정하라. 자기주장은 결국 '지배'가 아니라 '힘'이다.

• 자기주장으로 다른 사람의 감정을 상하게 하지 않는다. '감정을 상하게 한다'는 것은 다음과 같은 것들을 의미한다.
 – 당신은 적극적이라기보다 공격적인 태도로 그들을 괴롭히고 있다.
 – 그들은 적극적인 사람과 소통하는 데 불편을 느낀다.
 – 나의 단호함이 그들의 과거 속에 잠들어 있던 두려움이나 슬픔을 일깨운다. "그곳은 그토록 비밀스러운 장소, 눈물의 땅이었다."*

• 주위 사람들과 당신의 감정, 의혹, 혹은 의심을 점검하라. 가능하면 어떤 경우이든 행동으로 옮기기 전에 중립적인 친구

와 함께 당신의 결정을 재고해보라. 이렇게 해야 하는 이유는 당신이 부족해서가 아니라 인간이기에 객관적인 관찰자에게만 보이는 중요한 무언가를 간과할 수 있기 때문이다.

• 논쟁에 휘둘리지 않고 자기주장을 유지하는 것이 중요하다. 자기주장은 당신이 원하는 것만 고집하거나 다른 사람을 설득하여 당신의 편으로 끌어들이기 위한 전략이 아니다. 그것은 당신의 가치와 진실성을 보여주는 비폭력적이고 비경쟁적인 원칙으로 진정한 자기표현이 먼저이며 결과는 부차적인 것이다.

• 다른 사람의 긍정적인 의도를 인정하고 그들의 행위가 내게 부정적인 영향을 미칠 때에는 이에 적절하게 대응한다. 빗나간 총탄이 상처를 입히지 않는다고 해서 잘못된 행동의 책임까지 면제해주는 것은 아니다. '당신이 날 도와주려고 하는 것은 알지만 나는 부담이 돼. 내가 계획한 시간에 맞춰서 하는 편이 더 좋겠어.'라고 말하라.

• 다른 사람의 행동에 영향을 받는 것이 아니라 그것을 하나의 정보로만 받아들인다. 그에 대해 반응을 보이거나 좌지우지 되지 않고 그저 관찰자가 되는 것이다. 다른 사람들이 어떤

* 생텍쥐페리Saint-Exupéry의 『어린 왕자The Little Prince』

행동을 하든, 무슨 말을 하든, 어떤 의도를 가지든 당신은 확고한 자신의 기준대로 움직인다.

• 자기주장이란 자기 자신을 보호하기 위한 것이라는 차원에서 거침없이 자신의 의견을 밝히는 것이 늘 적절한 것만은 아니다. 상대방이 제멋대로이고 폭력적이며 술이나 약물에 취해 있을 때에는 이치를 따지려 드는 대신 그 자리를 벗어나는 것이 가장 확실하고 똑똑한 대응일 수 있다.

• 갑자기 부당한 위협을 받거나 난관에 부딪치게 되면 두려움에 어찌할 바를 모르게 된다. 그리고 '재빨리 판단하여 대응하는' 능력이 떨어질 수밖에 없다. 이런 상황에서 자기확신에 찬 사람은 반응을 보이기 전에 마음을 가라앉힐 시간을 갖는다. ① 비록 일시적이라 할지라도 내가 실제로 두려움에 떨고 있고 쉽게 상처받을 수도 있다는 것을 인정한다. ② 자기 회복의 시간을 요구한다. ③ 그리고 스스로 적당한 때가 되었다는 판단이 들 때 전력을 다해 대응한다.

• 행동이 배제된 노력은 선택이 아니라 바라기만 하는 것이다. 그냥 제자리를 지킬 계획이거나 실행을 포기하기로 했거나 둘 중 하나이다. '사정이 이렇다면 나는 앞으로 어떻게 해야 할까?'라는 선종Zen의 가르침은 어떤 상황에서든 반사적이고도

단호하게 행동으로 나아가야 한다는 것을 의미한다.

- 당신의 감정은 다른 누군가의 작품이 아니며 당신이 처한 상황은 스스로 만들어낸 것이기에 누구도 탓할 수 없다. 당신이 이제까지 해온 일들은 의식적으로 원했든 아니든 스스로 선택한 것들이다. 자기 자신을 다른 사람이나 특정한 상황의 피해자로 본다면 진정한 변화는 불가능해진다. 스스로 책임을 질 때 다음 단계로 나아가기 위해 필요한 것이 무엇인지 알게 되는 법이다.

- 다른 사람들에게 당신의 감정을 이해해주고 들어주고 알아주기를 요구할 수는 있지만 굳이 그들이 인정해주기를 바랄 필요는 없다. 당신의 감정은 그 자체로 소중하고, 감정을 표현한다는 것은 곧 당신 스스로 그 감정의 가치를 입증하는 것이다. 아울러 당신이 확신이 들 때 다른 사람의 감정도 인정해주어라. 그들이 느끼는 것이 타당하며 당신이 이를 이해하고 배려하고 있음을 보여주어라. 이렇게 감정을 인정하는 쪽이 감정과 대면하는 것을 피하거나 그런 감정을 '갖게 만든 것'에 대한 잘못된 죄책감으로부터 벗어나기 위해 감정의 가치를 깎아내리면서 자기 방어를 하는 것보다 훨씬 큰 힘을 준다.

- 자기주장은 자신의 의사를 분명히 하는 것을 중요시한다.

누군가를 만났을 때 상대방이 당신을 인정해주거나 당신에게 동의를 해야 만족하는 것이 아니다. 솔직하게 자기 자신에 대해, 그리고 자신의 입장에 대해 이야기할 수 있다면 그 만남이 보다 만족스러울 수밖에 없다. 더 많은 이야기를 했어야 한다는 후회도 남지 않을 것이고, 다시 시간을 거슬러 올라가서 당신에 대한 인상을 고쳐보려고 노력할 필요도 없다. '내가 좀 더 효과적으로 이야기할 수 있었을지는 몰라도 그 순간 나는 최선을 다해 내가 아는 진실에 대해 말했으니 그것으로 충분하다.'

• 타인을 교묘하게 통제하는 방법은 그들의 현실에 당신의 심리적 틀을 적용시키는 것이다. 당신은 그들이 당신의 방식대로 보거나 행동하기를 고집하며 자신의 세계관이 언제나 옳고 타당한 것이라고 생각한다. 사람을 조종하고자 하는 이런 마음을 내려놓기 위해서는 당신이 사랑하는 사람이 당신이 싫어하거나 이해할 수 없는 선택을 하는 것을 참아내야 한다. 그들의 자유를 존중하며 보호자의 자리에서 물러나려면 설득하거나 설명하거나 바로잡으려는 노력을 그만두어야 한다.

• 자기주장은 두려움과 위험을 감수해야 한다. 여기에서 위험이란 '결과를 통제할 수 없다'는 것을 의미한다. 확신에 차 있을 때는 주변 상황이나 다른 사람의 행동을 통제하려고 들지 않는다. 통제에 집착한다는 것은 두려움을 모르는 자신을 배신

하는 것이다.

자기주장은 힘을 갖는 것 : 건강한 자아의 길

• 명확해져라

'예스'라고 말하고 싶을 때 '예스'라고 말하고, '노'라고 말하고 싶을 때 '노'라고 말하고, '아마도'라고 말하고 싶을 때 '아마도'라고 말하라. (자기주장이란 반드시 확신이 있어야 하는 것이 아니라 명확해지는 것을 의미한다는 점을 명심하자.)

당신의 감정과 선택, 문제들을 솔직하게 보여주어라.

당신의 상상과 의심, 두려움, 그리고 직관을 그와 관련된 사람들과 점검해보아라. "그는 한 번도 우리를 바라본 적이 없는데 왜 우리는 그가 우리를 외면한 것이라고 생각하는가?"(에릭 에릭슨Erik Erikson)*

사람들에게 당신을 판단하거나, 상처를 주거나, 책임을 떠넘기는 것을 허용하지 않겠다고 말하라.

• 당신이 원하는 것을 구하라
– 상대방의 의도를 명확히 해달라고 한다.
– 당신의 감정을 인정해달라고 한다.

* 미국의 발달심리학자

- 애정이 담긴 보살핌과 바른 평가, 건설적 비평을 요청한다.

- 자신의 행동과 말, 감정에 대해 책임을 져라
- 다른 사람도 내게 자기를 주장할 권리가 있다.
- 다른 사람들에게 당신에 대한 감정이 어떤지 물어보라.
- 감정에 대한 책임을 인정한다.
- 감정적으로 미처 끝맺지 못한 일이 있다면 직접적으로 관련된 사람들과 해결을 보거나 치료를 통해 매듭을 지어라.
- 당신이 저지른 실수와 부주의, 규칙 위반을 인정하고 그에 대한 보상을 하라.

수동성은 힘을 포기하는 것 : 겁에 질린 자아의 길

- 수동성이란:
- 당신에게 혹시나 '일어날지도 모르는' 일 때문에 감정을 표현하거나 행동하거나 결정을 내리는 것을 거부하는 것
- 마음을 상하게 만드는 다른 사람의 행동에 변명거리를 주면서 제대로 된 해결을 보지 않는 것
- 지나친 공손함: 언제나 다른 사람을 우선시하면서 당신의 기회를 가로채거나 당신이 자기 입장을 이야기하는 것을 방해해도 그냥 내버려두는 것
- 의무감(두려움의 일종)으로 행동하는 것

- 어떻게든 상황을 수습해서 (당신 자신의, 혹은 다른 사람의) 진정한 감정이 밖으로 드러나지 않도록 막는 것
- 다음의 것들을 극단적으로 하는 것: 묵인, 명령의 준수, 순응, 존중, 복종, 화해, 인내
- 지나친 헌신: 작은 감사 인사를 받기 위해 너무나 오랫동안 너무나 많은 일들을 하고, 심지어 더 많은 일을 해달라고 해도 충실하게 이행하는 것
- 편견에 치우친 말이나 농담에 상처받은 마음을 표현하지 않는 것
- 과거나 현재에 당한 학대를 정당한 것이거나 '이해할 수 있는' 것으로 합리화하면서 스스로를 포기하는 것
- 미사여구에 (자신의 직관이 아니라고 하는데도) 넘어가는 것
- 불만스러운 상황이나 관계를 견디면서 단호한 행동을 취하기보다는 그 자체가 변하기를 바라는 것 (상호 의존)

무언가를 바꾸려 하지 않는다는 것은 그것을 선택한다는 것이다.

공격성은 힘을 통제로 바꾸는 것 : 적대적인 자아의 길

• 공격성이란:
- 타인을 통제하거나 조종하려고 드는 것

- 감정적, 혹은 육체적 폭력
- 이름을 부르거나, 모욕을 주거나, 조롱하거나, 책임을 전
  가하면서 타인을 깎아내리는 것. 친구들 사이에 농담처럼
  주고받는 빈정거림도 이에 포함된다.
- 다른 사람들이 스스로 충분히 할 수 있는 일을 대신 해주
  는 것. 이는 그들을 구제받는 피해자로 만들고 어린애 취
  급을 함으로써 그들 위에 군림하려는 것
- 경쟁적인 것, 다른 사람들이 틀렸다는 것을 증명하려는
  시도
- 당신에게 무례하게 대하거나 상처를 준 사람들에게 앙심
  을 품고 심술궂게 행동하는 것

- 자기 확신에 찬 사람들의 기본적인 권리:
- 모든 사람들에게 가능한 모든 방법을 동원하여 자신이 원
  하는 모든 것을 요구한다.
- 감정적으로나 육체적으로나 안전하다. 그 누구에게도, 특
  히 당신을 사랑하는 사람에게조차도 당신에게 상처를 줄
  권리는 없다.
- 마음을 바꾸거나 실수를 할 수 있다.
- 다른 사람의 문제에 관여할지 말지, 그들의 욕구를 채워줄
  지 말지, 그리고 언제 그렇게 할지는 당신이 결정하는 것
  이다.

- 다른 누군가가 정한 시간에 맞춰서 결정해야 한다는 압박 감 없이 '노' 혹은 '아마도'라고 대답할 수 있다.
- 비논리적인 결정을 내릴 수도 있다.
- 자신에 대해, 그리고 자신의 삶에 대해 얼마나 많은 것을 드러낼지를 결정한다.
- 당신의 선택에 대해 설명을 하고 말고는 당신의 자유다. (당신의 대답이 '노'일 경우 그에 대해 변명하거나 이유를 댈 필요 가 없다.)
- 다른 쪽이 더 타당하다고 느껴질 때에는 자기주장을 버린다.
- 배우자나 부모, 자녀, 친구들에 대해서도 똑같은 자기주 장의 원칙과 기술, 권리를 견지한다.

자기주장에 대한 요약
자기주장은 자신의 진실을 분명하게 말하고 다른 사람의 진실 을 수용하는 것이다.
• 자신이 원하는 것을 요구하고 그에 대한 상대방의 대답을 존중한다.
• 당신의 감정을 공유하고 다른 사람의 감정을 받아들인다.
• 책임감이 있는 사람으로서 그에 걸맞은 행동을 하고 다른 사람들에게도 같은 것을 요구한다.
• 자기주장을 실천하면 하늘이 무너져도 솟아날 구멍이 있 음을 깨닫게 된다.

• 다른 사람이 자신의 선택을 지지해주는 것을 경험하게 되면 피해자가 된 것 같은 우울한 기분에서 벗어나서 어른답게 자신감 넘치는 인생을 살게 된다.

계곡에 사는 사람이 산 너머 너른 평야를 바라보는 것처럼, 그는 이제 "이 지점 밖으로 넘어가지 마시오."라고 쓰인 경고문이 깎아지른 산과 같은 장벽을 의미하는 것이 아님을 안다.

— 앨리스 밀러Alice Miller

3

어른이 되기 위한 도전 1단계 — 두려움

우리의 마음으로부터 비롯되지 않은 것은 결코 우리를 다치게 하
지 못하리라는 확신은 두려움을 모르는 용기의 근원이 된다.

— 고빈다Govinda*

두려움의 정의

두려움은 현재의 위험에 대한 반응으로 생겨나는 감정이다. 감
당할 수 없을 것 같은 것에 대한 거부반응인 것이다. 모든 감정
들과 마찬가지로 두려움은 어떤 자극들이 위협이 된다는 주관
적인 믿음에 근거한다.

* 고빈다 바가바트파다. 인도의 철학자. 베단타 사상의 권위자 샹카라의 스승으로 알려
져 있다.

적절한 두려움은 투쟁 혹은 도피 중에 하나를 선택하고, 두려움을 해결하고, 다시 평정을 되찾는다. 이러한 두려움은 우리가 피하거나 맞설 필요가 있는 위험을 식별해주므로 필수적인 것이다.

신경증적인 두려움 역시 투쟁이나 도피를 선택하는 것은 마찬가지이나 이로 인해 두려움이 완전히 해결되지는 않는다. 이것은 그저 원만한 사회생활을 위한 방편일 수도 있고 스스로 한계를 두는 개인적인 방어막일 수도 있다.

신경증적인 두려움은 우리가 어떤 점에서 통합에 실패했는지를 보여준다. 예를 들어 물에 대한 두려움은 수영을 배우면서 극복할 수 있다. 따라서 수영은 (주관적인 위협인) 물을 어떻게 통합하는가의 문제다. 우리는 이전에 위험하다고 생각했던 물에 적응하고, 물과 친해지고, 지식과 기술의 습득을 통해 편안함을 느끼게 된다. 그리고 물에 능숙하게 다가가게 되는데 그것이 바로 통합의 신호다. 이제 우리는 물에 대해 흥미를 가지고 물에 재미를 붙인다. 두려움이 줄어들면서 더 많은 생의 활기를 얻게 된 것이다.

두려움은 사랑과 반대로 철저하게 조건부다. 두려움은 우리를 물 밖에 세워두고 넘지 말아야 하는 선을 긋는다. 사랑은 모든 것을 포함한다. '사랑이 두려움을 몰아낸다'는 말은 무조건적이고 의식적인 통합이 무지와 금기를 이겨낸다는 의미다.

실제로 모든 문제는 우리가 무언가와 통합을 이루지 못하면서 생겨나는 것이다. 이것은 우리가 부딪치는 모든 난관의 밑바닥 어딘가에 두려움이 있다는 것을 말해준다. 두려움의 요인이 정확하게 어디에 있는지를 찾아내면 좀 더 효과적으로 해결할 수 있다.

부정적인 흥분

신경증적인 두려움은 통합되지 않은 흥분이다. 두려움의 에너지는 봉쇄되어 있는 흥분이며 이는 우리를 위협하는 현실에 적극적으로 대처함으로써 방출할 수 있다. 이 장의 마지막 주제는 바로 이 실행 과정에 관한 것이다.

부정적인 흥분은 같은 대상에 대해 두려움과 욕망을 동시에 느끼는 일종의 고통의 감정이다. 이것은 주로 인생사의 얽히고 설킨 문제들로 인해 생겨난 해묵은 감정적 앙금에서부터 뻗어나온 중독적인 에너지다.

부정적 흥분은 역기능적이고 폭력적이고 자멸적인 상황 속에 오랫동안 우리를 가두어놓을 수 있다. 끊임없이 진행형으로 문제들을 일으키기 때문에 때로는 그것이 목적의식처럼 느껴지기도 한다. 그래서 부정적인 흥분의 대상이 사라지고 나면 우울해지고 심지어 삶의 의미마저 잃게 되는 것이다.

이러한 부정적 흥분을 다스리는 최고의 방법은 이를 중독으로 인정하고 회복을 위한 열두 가지 단계의 프로그램, 즉 '상호의존 모임Co-dependents Anonymous'을 시행하는 것이다.

합리화

모든 두려움과 중독은 변명과 합리화에 의해 유지된다. '나는 거절당할 것 같아서 누군가에게 다가가는 것이 무서워.' 이때의 두려움은 실제적인 대상이 없고 가능성만 있을 뿐이다. 그러나 그럴 듯한 변명(합리화)이 교착상태를 만들고 당사자는 두려움에서 벗어날 수가 없게 된다.

변명을 통한 합리화가 두려움을 유지하는 데에는 세 가지 방식이 있다.

- 그 '변명'은 충격으로부터 스스로를 보호하면서 우리를 계속 조종한다. 이런 통제는 두려움의 통합을 위한 선행 조건인 평상심을 회복하는 능력을 무력화시키면서 역효과를 가져온다.
- 그 '변명'은 어른다운 해결책에 접근하는 것을 차단한다. 우리는 오래된 믿음에 너무 집착한 나머지 변화를 위한 균형감각과 기동성을 잃게 된다.
- 그 '변명'은 우리가 그동안 회피해온 것들을 계속해서 두려워하게 만들며 두려움의 관성을 유지한다.

여기에서 모순이 되는 점은 우리를 두려움으로부터 보호하기 위한 것이 오로지 두려움 자체를 보호한다는 것이다. 결국 합리화는 우리를 지키는 것이 아니라 우리 안의 두려움을 지키는 보초인 셈이다!

타인에 대한 두려움

우리는 어떤 경우에 다른 사람들을 두려워하는가?

  • 우리는 어떤 사람이 통제 불능의 감정을 일으키는 것을 두려워한다. 만일 상대가 감정적으로 신뢰할 수 있는 사람이라면 그/그녀에게 직접 당신의 두려움과 그 원인에 대해 털어놓아라. '나는 당신이 나를 받아들이지 않고 거부했을 때 마음의 상처를 입을까 봐 두려워요.' 이때 일부러 과장을 하면 역설적으로 상황의 심각성을 덜 수도 있다. '만일 당신이 나를 거부한다면 나는 죽고 말 거예요!'

두려움을 느낄 때마다 매번 소리 내어 이런 고백들을 하게 되면 두려움이 나름 재미있게 느껴지기도 하고 이것이 극히 주관적으로 생겨난 것이라는 점도 알게 될 것이다. 그러고 나면 두려움은 당황하며 뒷걸음질을 치게 된다.

만일 당신이 두려워하는 상대가 신뢰할 수 없는 사람이라면 그 자리를 모면하는 것으로 상황을 벗어나거나 친구나 상담사의 도움을 받아 두려움을 다스려라. 어쩔 수 없는 스트레스와 고통 속에서 상처받지 않으려면 자신의 한계를 인정하는 용기가 필요하다. 굴욕을 참는 것은 자존감을 약화시키고 두려움을 지속시킨다.

  • 상대방이 나 때문에 두려움에 떨 때 우리는 그/그녀가 보

여주는 두려움을 이해한다. 예를 들어 그/그녀는 나와 가까워지는 것에 겁을 내고 거리를 유지하기 위해 위협적인 태도를 취할 수도 있다.

만일 누군가가 당신을 두려워하면서도 그것을 인정하지 않는 것 같다면 직접적으로 질문을 던져서 의혹을 걷어내라. '나와 너무 가까워질까 봐 겁이 나는 건가요? 저는 그러고 싶지 않아요. 당신이 나와 얼마만큼 가까워지기를 원하는지, 그리고 내가 당신과 얼마만큼 가까워지고 싶은지에 대해 이야기를 나눠봐요.'

• 무의식적, 혹은 의식적인 단서들을 통해 오래된 유년기의 공포를 되살리는 사람들이 있다. 이는 특히 우리가 무기력할 때나 겁에 질려서 스스로를 방어할 힘조차 없을 때 일어난다.

당신의 두려움을 분석하여 그 근원을 밝혀내어라. 만일 그 불씨가 어린 시절에 시작된 것이라면 1장에 설명해놓은 것처럼 내 안의 겁먹은 아이를 치유하는 애도 작업을 실행하라.

• 어떤 사람들은 우리 안의 '그림자'를 거울처럼 반사해서 보여준다. 우리는 다른 사람들이 우리보다 '훨씬 훌륭한 존재'라고 믿고 긍정적으로는 외경심을, 부정적으로는 두려움을 품고 대하지만, 사실은 우리 안에서 서로 통합되지 못한 존경할 만한 자질과 비열한 품성을 두려워하고 있는 것이다.

만일 그것이 나의 '그림자'에 대한 두려움이라면 10장에 나온 지침들을 이용하여 극복하라. 자신의 두려움에 대해 책임을 지려는 시도만으로도 삶의 돌파구가 열릴 것이다.

신경증적인 두려움을 이겨내는 방법

인정: 스스로에게, 자신의 두려움과 관련된 사람들에게, 그리고/또는 당신이 신뢰하는 그 누구에게든 두려움을 털어놓아라. 이런 인정은 부인하고자 하는 마음을 누르고 현실에 발을 들여놓게 만든다. 그래야 이제까지 스스로 부정해왔던 힘이 기지개를 켜고 치유가 시작된다.

수용: 두려움의 감정을 억누르거나 벗어나려고 애쓰지 말고 온전하게 받아들여라.

행동: 두려우면 두려운 채로 행동하라. 이것이 두려움을 견디는 용기다. 두려움에 휘둘려 행동하는 것은 비겁한 짓이다.

- '두려움을 극복한 척 행동하기'에 도움이 되는 기술:
- 횡경막에서부터 깊이 숨을 들이마셔라. (불안할 때의 호흡은 흉곽에서 나오기 때문이다.)
- 평정심을 끌어올리는 이미지에 집중하라.
- 친구에게 지원을 요청하거나 강한 사람이 가이드나 코치로 당신의 곁을 지켜주고 있다는 상상을 한다.

위에 열거한 기술들은 '불안 발작anxiety attacks'에도 효과가 있다.

결과

두려움을 헤쳐 나가기 위한 '인정과 수용, 행동'의 과정은 두려움을 무조건 있는 그대로 대면하는 것이다. 이제 우리는 결코 감당할 수 없을 것 같아 '노'라고 했던 것을 통합의 가능성이 보이는 '예스'로 번복하고 있다.

그렇게 우리는 두려움에 의해 차단되어왔던 긍정적인 삶의 흥분을 되찾고, 정교한 허구와 방어, 합리화에 쓰였던 에너지를 개인적인 힘을 키우고 두려움에서 탈출하는 데 쓴다. '나는 이런 두려움 앞에서는 아무것도 할 수 없어.'가 '오로지 막다른 골목일 거라고 생각했던 곳에서 나는 또 다른 선택을 발견했어.'로 바뀌는 것이다.

두려움의 악마적 힘이란 선택의 여지가 보이지 않는다는 데에 있다. 두려우면 두려운 채로 행동하는 것, 즉 두려움마저도 끌어안아야 또 다른 대안의 존재를 찾아낼 수 있다. 주술은 주술을 건 당사자에 의해 결국 풀리게 되어 있고, 열쇠는 내내 자물쇠 안에 꽂혀 있었을 뿐이다! 그 무엇도 우리를 위협하여 강박 행동을 하게 만들 수 없다. 어린 시절부터 우리 안에 너무나도 깊숙하게 새겨진 두려움(예를 들어 버림받는 것에 대한 두려움처럼)은 몇 번이고 마음속에서 되풀이될 수 있지만 더 이상 그

두려움의 대상	통합의 방법
상실	집착을 버리기
변화	적응
자기 폭로 self-revelation	자기 수용 self-acceptance
수치	자기 개방 self-disclosure
외로움	나를 도와주는 사람들(가족과 친구 등)
친밀감	헌신
자신 안에 내재된 힘과 타인에 의한 통제	단호한 자기주장
감정	상처받기 쉽다는 것을 인정하기
그 무엇도 나에게 도움이 되지 못한다는 공허감	있는 그대로 믿고 받아들이기
실패	다시 한 번 도전하기
성공	자존감을 가지고 타인으로부터 받았던 도움에 대해 감사하기

것에 집착하며 끌려다니지 않아도 된다. 습관적인 두려움이 여전히 남아 있다면 습관적으로 반응하면 그만이다. 이것이 낙관주의의 기본이다.

통합은 두려움을 극복한 첫 번째 결과물로 9장에서 이 과정에 대해 보다 자세하게 설명하고 있다. 두려움을 해결하고 나면 생의 활기가 살아나고 더 행복해진다. 두려움은 능력을 차단하고, 두려움의 통합은 능력을 드러낸다.

극단적인 위기가 찾아왔을 때…… 어디에도 탈출구가 보이지 않을
때, 비로소 내부로부터 폭발이 일어나고 전혀 새로운 무언가가 나
타난다. 갑작스럽게 수면 위로 솟아나는 힘, 근원을 알 수 없는 안
도감, 터무니없이 끓어오르는 에너지, 합리적인 기대, 그리고 희망
이 생겨나는 것이다.

— 에밀 뒤르켐Emil Durkheim*

* 현대 사회학의 창시자

74

4

어른이 되기 위한 도전 2단계 ― 분노

가장 깊은 곳에서 삶을 바라보라. 운명을 한탄하고 운명에 반항하는 자아의 눈으로 보지 말고 개인의 관점이라는 좁은 범위를 뛰어넘어 재생과 갱생으로 인도하는 위대한 내면의 법칙에서 바라보라.

― 막스 젤러Max Zeller

분노란 무엇인가

분노는 누구나 자주 경험하는 것이며 정신 건강을 위해서는 표출해줘야 하는 자연스러운 감정이다. 이것은 반대나 상처, 혹은 부당함을 거부하는 감정으로 내가 소중하게 생각하는 무언가가 위험에 처했다는 신호다.

분노의 육체적 에너지는 아드레날린의 투쟁 반응과 도피 반응 중 '투쟁'에서 나오는 것이다.

분노의 정신적 에너지는 실제적으로 위협을 느끼거나 위협을 상상하는 것에서부터 나온다. 따라서 그 근거가 비이성적인 것이라고 해도 분노는 정당한 것이 된다. 우리가 어떤 감정을 표현하는 것은 그것이 우리에게 있어서 진짜이기 때문이지 꼭 객관적으로 타당한 이유가 있어서가 아니다.

분노를 직접적으로 드러내는 능동적인 표현을 할 때 보통 목소리가 올라가고, 얼굴 표정이나 몸짓이 바뀌고, 흥분과 불쾌감을 드러내게 된다.

또한 분노를 수동적으로, 즉 수동공격적으로 표현할 수도 있다. (자기 자신에게조차) 화가 났다는 것을 인정하지 않으면서 상대에게 벌을 주는 것이다. 일을 질질 끄는 것, 험담, 협조를 거부하는 것, 결석, 거절, 일부러 고통을 주고자 하는 악의 같은 것들이 이에 해당한다. 수동적인 분노는 적절하지 않고 어른스러운 행동도 아니다.

강한 분노를 표현하는 것을 '격노'라고 하고, 강한 분노를 품고 있는 것을 '증오'라고 한다. 좌절은 출구가 없는 분노다. 분노를 받아줄 사람이 없거나 효율적으로 해결할 방법이 없을 때 좌절을 느낀다. 분노를 오래 표현하지 않고 있으면 원한이 되고, 무의식적으로 억제되고 내면화된 분노는 우울, 즉 내면을 향한 분노가 된다. 응어리는 극복하지 못한 슬픔이 계속해서 남아 있을 때 지속되는 분노다.

분노를 의식적으로 억누른다는 것은 이를 외면하거나 드러내지 않는 쪽을 선택하는 것이다. 그 이유는 대개 두려움이지만, 우리는 그 두려움을 인정하기보다 그편이 사회적으로 예의를 차리는 것이라고 합리화하면서 분노의 표현을 불필요한 것으로 치부해버린다.

분노에 대한 두려움

우리는 왜 분노를 터놓고 표현하는 것에 불안을 느끼는가? 그것은 어린 시절에 분노를 내보이는 것이 위험하다는 판단을 내렸기 때문이다.

• 유년기에 분노를 표출하는 것은 더 이상 사랑받지 못하거나 인정받지 못한다는 것을 의미했고, 지금까지도 그것이 진실인 양 행동하고 있는 것이다. 이런 낡은 등식에서 벗어난다면 친밀감 속에 분노와 사랑이 동시에 존재한다는 것을 깨닫고 자유로워질 수 있다. 분노는 다른 감정들과 마찬가지로 진정한 사랑에 영향을 주거나 손상을 입히거나 소멸시킬 수 없다.

서로에게 자유를 주고 가까워지는 것을 허용한 관계라면 분노는 불가피한 것이다. 존 웰우드John Welwood는 "상대에게 나를 만지도록 허락한 것은 그러다 생채기를 내더라도 괜찮다는 뜻이다."라고 말했다. 마음대로 화를 내지 못하는 사랑은 사랑이 아니라 두려움이다. 어른이 사랑을 할 때에는 자신의 분노를 드러내고 상대방의 분노를 기꺼이 받아들인다. 진실이 우리를 자유롭게 한다는 것은 바로 이런 것이다.

• 유년기에 대놓고 분노를 표출하는 것을 본 적이 없거나 분노의 표출이 육체적, 혹은 감정적 폭력으로 이어졌기 때문에 분노를 위험하게 생각하는 것이다. 그러나 그것은 진정한 분노라기보다 과장된 연기일 뿐이다. 분노가 위험이나 거리감, 폭력으로 연결되는 것은 드라마일 경우가 많으며, 여기에서 드라마란 자기중심적이고 교활한 연극을 의미한다. 이 드라마의 또 다른 이름이 바로 '학대'다.

위에 열거한 항목들을 거절의 경험에 적용했을 때 그 반응의 차이를 인지할 것:
– 학대는 거절에 대한 공격적인 반응으로 거절을 한 상대와 좀 더 멀리 거리를 둠으로써 상대방에게 벌을 주려고 한다. 반면 분노는 거절에 대한 본질적인 반응으로 거절을 한 상대와의 거리를 좁히려는 것이며 거절을 받아들이면서 별다른 응어리를 품지 않는다.
– 학대는 자신이 다른 사람으로부터 당연히 사랑과 충성을 받아야 하는데 그런 대접을 받지 못해서 화가 난 마음에 근거한 것이다. 반면 분노는 현재 벌어진 일에 대한 불쾌감에 근거를 둔 것이나 자신의 감정이 주관적 해석을 바

분노와 학대

진정한 분노	학대: 분노의 그림자
진정한 자기표현: 영웅의 방식	과장된 표현: 악인의 방식
언제나 주의 깊게 생각한다.	자존심에 휘둘리고 사고방식을 바꾸지 않는다.
감정을 표현한다.	성질을 부린다.
벌게진 얼굴, 흥분한 동작, 고조된 목소리를 동반한다.	벌게진 얼굴, 위협적인 동작, 고함을 동반한다.
존중하는 태도를 취하는 단호함	적극적인 공격
관계를 회복하고 더욱 풍요롭게 만드는 포기를 모르는 사랑	상대방을 거칠고 폭력적으로 대하며 관계를 위험으로 몰아넣는다.
불평등에 대한 불만에서 비롯된다.	상처받고 분개한 자아의 모욕감에서 비롯된다.
참을 수 없긴 해도 바로잡을 수 있다고 믿는 불평등에 초점을 둔다.	상대방이 나쁜 사람이라는 것에 초점을 둔다.
상대방에게 알리고, 관심을 갖게 만들고, 주의 깊은 반응을 이끌어낸다.	상대방을 위협하고 그/그녀를 내쫓는다.
상대방의 반응을 바라기는 하지만 억지로 요구하지는 않는다.	상대방에게 자신이 얼마나 옳고 정당한지 시인할 것을 고집한다.
변화를 청하기는 하지만 상대방에게 결정권을 준다. (변화를 바란다.)	상대방이 변하도록 통제하고자 하는 욕구를 감추거나 표현한다. (변화를 요구한다.)
책임과 보상을 청한다.	상대방을 탓하고 복수를 한다.
현재 당면한 문제에 국한되며 다른 사건으로 옮겨 갈 때마다 새롭게 표현된다.	해결하거나 표출하지 못한 과거의 분노가 다른 사건으로 옮겨 갈 때마다 강도를 더해가며 쌓인 결과다.
언제나 직접적이다.	보통 다른 것으로 대체된다.
사소한 문제와 중요한 문제를 구분할 수 있다.	순간적인 흥분에 사로잡혀 사소한 문제에도 격렬하게 분노를 터트린다.

진정한 분노	학대: 분노의 그림자
감정과 관련이 있다.	감정에 사로잡힌다.
다른 감정들과 공존한다.	다른 감정들을 차단한다.
자신의 괴로움에 대해 스스로 책임을 진다.	자신의 괴로움을 상대방의 탓으로 돌린다.
비폭력적이며 자신을 통제하고 언제나 안전선을 준수한다. (화를 다스린다.)	폭력적이며 통제 불능이고 냉소적이고 가혹하며 적대적이고 복수심이 강하다. (화를 참지 못한다.)
적극적으로 에너지를 분출하고 나면 평정심을 되찾는다.	적극적으로 에너지를 분출하는 것이 도를 넘고 지속적인 스트레스를 일으킨다.
분노를 표출하는 시간이 짧고 마무리가 되자마자 사라진다. (섬광)	분노를 질질 끌면서 증오, 원한, 응어리에 집착한다. (연기만 남은 불꽃)
슬픔도 함께 받아들이고 인정한다.	절대로 상처받지 않은 것처럼 가장하거나 상처를 부인함으로써 슬픔을 감춘다.
상대방은 분노의 촉매였을 뿐이라고 생각한다.	상대방이 분노의 원인이라고 생각한다.
상대방을 동료라고 여긴다.	상대방을 표적이라고 여긴다.
건강한 자아에서 비롯되어 이를 발전시킨다.	오만한 자아에서 비롯되어 이를 영속적인 것으로 만든다.
보다 깊고 효과적인 결합을 목적으로 한다. : 화를 내는 사람은 상대방을 향해 움직이는 것이다.	누가 상처를 입게 될 것인지 상관하지 않고 막무가내로 분노를 표출하고 싶어 한다. : 학대하는 사람은 상대방에 맞서서 움직이는 것이다.
사랑과 공존하며 사랑에 힘을 불어넣는다. : 두려움을 모른다.	두려움의 편에 서서 사랑을 소멸시킨다. : 두려움에 기반을 둔다.
문제를 제기하고, 처리하고, 해결한다.	자신의 슬픔과 괴로움을 회피한다.

탕으로 한 것이라는 사실을 자각하고 있다.

흔히 분노가 슬픔이나 공포와 같은 다른 감정을 감추기 위한 '이차적인 감정'이라고 하지만 분노 역시 다른 감정들과 공존하는 보통의 감정이라는 것을 알아야 한다. 다른 감정을 감추는 것은 분노가 아니라 가면이 더없이 잘 어울리는 드라마다.

분노란 가장 지속 시간이 짧은 감정이기에 '분노를 붙잡고 있는 것'은 불가능하다. 원래 붙잡아지지 않는 것이기 때문이다. 분노는 일단 충분히 표현하고 나면 저절로 풀어지면서 사라지게 된다. 거기에서 '붙잡고 있는' 것은 분노가 아니라 드라마를 계속 이어가기 위해 만들어내는 일련의 줄거리일 뿐이다.

분노와 확신

다른 감정들과 마찬가지로 분노는 어떤 사건으로 인해 일어나는 것이 아니라 어떤 사건에 대한 우리의 해석이나 확신에 의해 일어난다.

앨버트 엘리스Albert Ellis의 연구에 기초한 패러다임을 보면 이 과정이 자세히 설명되어 있다.

Action 어떤 사건이 일어난다. (아직 어떤 식으로든 해석하기 전이다.)

Belief 나의 확신이 그 사건을 특징한 방식으로 해석한다.

Consequence 결과가 벌어진다 : 사건에 대한 나의 확신에 근거한 감정이 생겨난다.

A : 사건
B : 확신
C : 감정

A가 C를 유도한 것처럼 보일지 모르지만 보이지 않는 중간 단계인 B에 주목해야 한다. A는 오로지 B를 통해서 C로 이어진다.

이 심리적 사슬에서는 하나의 자극이 다른 자극을 일으키는 것이 아니다. A가 B나 C를 유도하지 않았고 B가 C를 유도하지 않았다. A가 B의 도화선이 되었고 B가 C의 도화선이 되었을 뿐이다.

이것은 왜 우리가 자신의 감정에 책임을 져야 하는지를 설명해준다. 다른 사람의 행동이 우리를 자극했다고 해도 그에 대한 해석은 온전히 나의 것이다. 그러므로 다른 사람의 행동은 그 결과로 일어나는 감정의 원인이 아니라 계기가 되었을 뿐이다. 그들은 감정의 시발점을 제공한 책임이 있을 뿐, 최종적인 감정에 대해 책임을 지는 것은 순전히 우리 자신의 몫이다.

분노를 다루는 법

위에서 말한 패러다임을 사용하여 당신이 화가 났던 때를 예로 들어보자. 나를 자극하는 어떤 일이 벌어졌고(A), 당신은 화가 났다(C). 이제 다음의 것을 인정하자: 그의 행동(A)에 대한 나의 감정(C)은 내가 그렇게 생각하지(B) 않았더라면 생겨나지 않았을지도 모른다.

〈예〉

A : 그는 약속을 지키지 않았다.

C : 나는 화가 났다.

B : 나는 정당한 대접을 받을 권리가 있다고 믿는다.

　나는 그가 솔직할 것이라고 기대했다.

　나는 이 배신으로 인해 모욕을 당했다고 생각한다.

이제 당신은 상대방이 약속을 지키지 않은 데 대한 당신의 해석 뒤에 권리, 기대, 배신, 모욕, 이렇게 최소한 네 가지의 확신이 있다는 사실을 알아냈다. 이제 이 확신들을 자신의 역사, 특히 유년기의 일들과 한번 대조해보라. 배신을 당했던 적이 있는가? 어린 시절에 겪었던 배신과 유기, 학대의 경험들을 제대로 애도하지 않고 그냥 내버려 두지는 않았던가? 만일 그랬다면 그 날것 그대로의 고통이 지금까지도 그대로 남아 있을 것이다. 확신과 그 결과로 생겨나는 분노는 아직 끝나지 않은 감정적인 문제가 있다는 신호다. 오래된 상처를 다시 헤집어 열어놓은 것이다. 이제 당신은 현재의 사건에 대한 당신의 반응이 상대방으로 인한 것이 아니라 자신으로 인한 것이라는 사실을 깨닫기 시작한다. 분노는 아직 상처가 남아 있는 곳이 어디인지를 가리키며 당신이 해야 할 일이 무엇인지를 보여준 것이다.

마지막으로 권리와 기대, 그리고 모욕은 신경증적 자아의 관심사들이다. 기능적 자아의 힘을 차근차근 쌓아온 어른들은 이런 극적인 자극의 힘을 꿰뚫어 본다. 그들은 자신이 원하는 것을 요청하면서도 사람들이 그것을 받아들일 때도 있지만 거부할 때도 있다는 것을 인정하며 헛된 권리 의식을 버린다. 또한 (일방적인) 기대를 내려놓고 (쌍방의) 동의를 청한다. 모욕을 당했을 때에는 시정해달라고 하고 계속해서 나를 존중해주지 않는 이들은 멀리한다.

분노의 경험을 분석하다 보면 내가 할 일이 무엇인지 더 명료하게 보이고, 나의 반응에 대한 책임도 더 투철해지며, 스스로에 대해서도 더 많은 것을 알게 된다. 이제 나는 더 이상 자신을 희생자로 보지 않는다. 자존감과 자기확신이 커졌지만 자신의 분노가 정당한 것이라는 생각에도 변함이 없다. 그 근원이 어린 시절의 유치한 확신이나 부모로부터 전해진 신념이라고 해도 그 분노는 나에게 아직 현실이기 때문이다.

분노에 대한 서약

• 나는 분노를 건강한 것으로 받아들이고 그 뒤에 숨은 확신과 그로 인해 환기된 지난 삶의 기억을 되짚어본다.

• 나는 분노가 정당한 것이며 온전한 나의 감정이라는 것을 받아들이고 그에 대한 책임을 진다.

• 나는 분노를 표현하되 복수를 하거나 앙심, 악의를 품고 공격적으로 행동하지는 않는다.

• '모욕당한 오만한 자아'의 차원이 아니라 정의감의 차원에서 분노가 생겨날 수 있도록 자신과 세상에 대해 보다 어른스러운 자세를 취한다.

생명의 에너지

분노는 우리의 발전에 자양분을 공급하는 신선한 생명의 에너지다. 우리는 자아를 옭아맨 족쇄와 두려움을 부수기 위해 분노를 사용한다. 분노를 따라가다 보면 지금까지 한 번도 밟아보지 않은 우리 안의 정신적 영토가 모습을 드러낸다. 분노는 우리의 힘을 일깨워주기에 굳이 소멸시키거나 거부할 필요가 없다. 스스로 분노를 느끼는 것을 인정하고 그것을 밖으로 표현할 때 분노는 도약의 발판이 되고 우리를 완전히 바꾸어놓기도 한다. 융은 다음과 같이 말했다. "감정적인 혼란의 격류, 바로 그 안에 문제를 치유할 가치와 에너지가 있다."

그들은 나를 밖으로 내쫓기 위해 원을 그렸어.

이단자, 반역자, 조롱 받을 자!

그러나 사랑과 나는 승리를 위해 기지를 발휘했지.

더 큰 원을 그려서 그들을 감싸 안아버린 거야!

— 에드윈 마컴Edwin Markham*

* 미국의 시인

5

어른이 되기 위한 도전 3단계 — 죄책감

모든 자기 인식은 죄책감을 대가로 치르고 얻어지는 것이다.

— 폴 틸리치Paul Tillich

적절한 죄책감과 나의 진실

비윤리적 행동을 하기 전이나 후에 우리는 적절한 죄책감을 느낀다. 이는 개인적인 신념에 따라 행동을 평가하는 내면의 유기체적인 울림(양심)에서 나오는 것이다. "우리는 우리의 잠재력을 실현하게 하거나 실현하지 못하게 하는 경험들을 구분하는 지혜를 몸속에 지니고 태어났다."고 칼 로저스Carl Rogers*는

* 미국의 심리학자. 인본주의 심리학의 창시자

말했다. 우리가 자신의 진실을 저버리고 있음을 알려주는 것은 기능적인 자아다. 이 죄책감은 합일이 깨지고 타인과의 자연적인 균형이 무너지고 있음을 드러내는 것이다. 이 균형은 인정과 보상을 통해서만 회복할 수 있다.

신경증적 죄책감과 그들의 진실

신경증적 죄책감은 유기체적 반응이 아니라 우리가 내면화한 외부적인 명령이나 요구에 의해 학습된 반응이다. 우리는 타인의 진실에서 벗어났다. 이 죄책감은 시정과 보상으로도 없어지지 않고 우리를 끈질기게 물고 늘어진다. 이것은 신경증적 자아로부터 생겨난 것으로 균형이 아닌 내적인 갈등을 부추긴다.

죄책감은 감정이 아니라 확신이나 판단이다. 적절한 죄책감은 문제에 맞서 해결하도록 유도하는 판단인 반면, 신경증적 죄책감은 자기 파괴적이고 비생산적인 고통을 느끼도록 하는 판단이다. 적절한 죄책감은 화해와 보상을 통해 해결되지만 신경증적인 죄책감은 벌을 받는 것으로 해결책을 찾으려고 한다. 적절한 죄책감에는 책임이 따르지만 신경증적 죄책감에는 남에게 책임을 돌리는 비난이 따른다. 요컨대 적절한 죄책감은 어른의 반응이고, 신경증적 죄책감은 우리 안에 있는 겁먹은 아이의 반응인 것이다.

죄책감의 속임수

모든 신경증적 죄책감의 이면에는 우리가 인정하기를 거부하는 무언가가 숨어 있다. 이 죄책감은 감정과 진실을 회피하려는 전략인 것이다.

• 두려움을 감춘다.

우리가 행동에 나서지 못하도록 하는 죄책감은 자기주장에 대한 두려움을 감추고 있다. 강한 선택으로 사랑이나 타인의 인정을 잃을까 봐 두려운 것이다. 그리고 자신을 제어하지 못했을 때 사랑을 받지 못하게 될까 봐, 통제력을 잃게 될까 봐 두려운 것이다. 이런 두려움은 우리를 무력하게 만들고 계속 제자리에 머무르거나 수동적인 태도를 취하게 한다. 그리고 이로 인해 생겨나는 죄책감은 보복을 당할까 봐 겁을 먹게 하고 또 다른 나의 모습이 남들에게 알려지는 것(혹은 우리 자신에 대해 알게 되는 것)에 대해 수치심을 심어준다.

• 책임을 경시한다.

신경증적 죄책감은 정당한 행위에는 한 가지 길밖에 없다고 규정함으로써 선택의 창의적인 근거가 되는 상상력을 저해한다. 죄책감에 사로잡혀 있는 한 우리는 다른 가능성들을 보지 못하고 우리가 진정으로 원하는 것이 무엇인지도 알지 못한다. 이것이 죄책감이 자기확신을 와해시키는 방법이다.

행동에 따르는 죄책감, 혹은 행동하지 않는 것에 따르는 죄책감은 우리가 내린 결정의 힘을 최소화시킨다. 일단 자신에게 잘못이 있다고 인정하는 것 자체가 스스로 완전히 잘못된 것은 아니라는 증거가 되기에 오히려 책임감이 좀 덜어진다. 역설적이게도 죄책감이 우리를 책임감에서 해방시켜주고 자신이 올바른 사람이라는 거짓된 정의감을 심어주는 것이다.

• 분노를 감춘다.
죄책감은 부모나 권위를 가지고 있는 사람, 혹은 우리에게 무언가를 강요하거나 어떤 일을 하지 못하게 막았던 친구를 향한 정당한 분노를 의미하기도 한다. 우리는 이러한 분노를 느끼거나 표현하는 것이 위험하거나 잘못된 일이라고 믿는다. 그래서 내가 잘못하고 있다는 생각을 하게 되고 결국 표출되지 못한 분노는 자신의 내면으로 향하여 죄책감이 된다. 죄책감은 이처럼 다른 사람을 향한 분노로 스스로를 학대하면서 정작 그들의 짐을 덜어주고 있는 것이다.

• 진실을 회피한다.
죄책감은 때로 용인하기 힘든 진실을 회피하는 수단이 되기도 한다. 예를 들어 유년기에 부모가 나를 사랑하지 않았다는 고통스러운 진실과 마주하느니 차라리 그들의 기대에 부응하지 못한 내게 문제가 있다고 믿는 것이다. 그러면 부모가 나를 사랑하지 않은 것이 모두 나의 잘못이 된다. '그들은 충분히 사랑할 준비가 되어 있었는데 내가 그 사랑을 받을 만한 자격이 없었던 거야.' 그렇게 자신의 '무능함'에 대한 죄책감으로 부모에 대한 진실을 은폐해버리는 것이다. 내가 알지 못하는 일은 굳이 대면하거나 벗어나려고 노력할 이유가 없다. 이런 방식으로 죄책감은 언제나 타인을 기쁘게 하기 위해 노력하게 하며 나를 타인의 힘 속에 가두어놓는다. 남들의 비위를 맞추는 일과 스스로 무능력한 사람이라는 자괴감은 자기 의심이라는 약탈당한 황무지에서 나란히 자라난다.

죄책감에서 벗어나기: 건강한 마음의 회복

• 신경증적 죄책감

신경증적 죄책감을 완전히 없애는 것은 불가능하다. 그러므로 이 죄책감을 받아들이되 행동에는 어떠한 영향도 미치지 못하도록 하라. 어떤 결정을 내릴 때 죄책감을 지닌 채 하는 것이지 죄책감 때문에 해서는 안 된다. 당신의 죄책감이 무언가를 감추고 있을지도 모른다는 것을 명심하라. 그 이면에 혹시 두려움이나 책임에 대한 거부, 분노, 진실에 대한 부정 등이 숨어 있지는 않은가? 신경증적 죄책감을 느낀다면 내가 무언가를 회피하려는 신호임을 알아채라. 죄책감이 충분히 희미해지고 나면 그 밑에 깔려 있는 진짜 흥분과 감정이 보이기 시작한다. 그리고 죄책감은 규율이 아닌 개념이고 판단이 아닌 확신이며 현실이 아닌 하나의 생각일 뿐인 원래의 모습으로 되돌아간다.

두려움은 봉쇄된 흥분이며, 분노는 불이 붙은 흥분이고, 죄책감은 잘못된 흥분이다.

• 적절한 죄책감

적절한 죄책감을 없애는 것은 불필요하고 위험한 짓이다. 적절한 죄책감은 우리의 도덕적 균형이 언제 깨졌는지를 알게 해준다. 질질 끄는 신경증적 죄책감과 달리 적절한 죄책감은 인정admission과 보상amends, 서약affirmation의 '세 가지 A' 단계를 거치면서 자동적으로 소멸된다.

1. 인정Admission

당신이 그/그녀에게 상처를 주었거나 무책임하게 혹은 무심하게 행동했음을 상대방에게 직접적으로 인정하라. 그리고 그/그녀가 겪었던 고통에 대해 말해줄 것을 청하고 귀를 기울여라. 그러면 상대방의 고통을 온전히 느끼고 당신의 행동과 그로 인해 벌어진 결과를 충분히 자각하게 될 것이다. 이것은 자신의 행동에 대해 전적으로 책임을 지는 확실한 방법이다. 사랑하는 사이에서는 이를 통해 비로소 순수한 친밀감이 생겨나게 된다.

2. 보상Amends

잘못을 보상하는 데에는 두 가지 방법이 있다. 첫째는 잘못된 행동을 멈추는 것이고 둘째는 직접적으로 보상하는 것이다. 만일 원래의 상대방에게 하는 것이 불가능하거나 그/그녀가 이를 받아들일 만한 마음의 준비가 되어 있지 않을 때에는 자선단체나 대신할 만한 사람에게 하라. 보상은 앞으로 다시는 그런 행동을 하지 않겠다는 결심을 할 때에만 가치가 있다. 후회는 보상 없이 슬퍼하기만 하는 것으로 자존감을 떨어트리고 죄책감에서 벗어나지 못하도록 방해한다.

3. 서약Affirmation

죄책감에서 벗어나기 위한 서약에는 두 가지 형태가 있다.

첫째, 이 책의 마지막에 실려 있는 서약들 중 개인적으로 당신의 마음에 와 닿는 것이 있다면 그것을 사용하라. 더욱 효과적인 것은 자신만의 서약을 만드는 것이다.

둘째, 어른다운 선택을 한 데 대해, 그리고 죄책감을 힘을 기르는 계기로 삼은 것에 대해 자축하라.

이 세 가지 단계를 거치는 과정에서 정신적인 변화가 일어난다. 자신과 타인에 대해 연민을 느끼게 되는 것이다. 즉각적으로 비난을 퍼붓는 대신 현재의 용납할 수 없는 행동이 과거에 학습된 것이라는 연관성을 깨닫고 연민 어린 마음으로 자신을 (그리고 타인을) 보게 된다.

그리하여 당신은 자신을 비난하는 대신 책임을 묻게 된다. 비난은 감정에 북받친 자기 부인으로 이어지지만 책임은 실제적인 보상을 하게 만들고 자존감을 높여준다. 연민과 책임에 의해 우리는 진정한 자기실현의 마지막 관문인 자기 용서를 하게 된다. "우리를 넘어뜨리는 것이 우리를 일으켜 세운다." (탄트라 격언)

정오가 되자 그 섬은 수평선 너머로 사라져버렸다. 그리고 우리 앞에 놓인 것은 태평양의 망망대해뿐이었다.

— 허먼 멜빌Herman Melville, 『오무Omoo』

6

가치관과 자존심

나의 창가에 핀 장미들은 이전에 어떤 장미들이 피었는지, 더 나은 장미란 어떤 것들인지 상관하지 않는다. 장미는 그저 장미로 필 뿐이다…… 그들에게 시간은 아무런 의미도 없다. 그저 장미가 있고, 장미는 존재하는 매 순간 완벽하다.

— 랄프 왈도 에머슨Ralph Waldo Emerson*

신은 장미에게 그 아름다움을 활짝 피워보라고 말했다. 그리고 신은 나의 심장에게 100배는 더 아름다워지라고 말했다.

— 루미Rumi**

* 미국의 사상가이자 시인
** 13세기 페르시아의 시인이자 법학자

정신적으로, 그리고 영적으로 늘 깨어 있는 사람은 매 순간 진화하면서도 일관된 가치관에 따라 움직인다. 소중하게 여긴다는 것은 무언가의 가치를 존중하는 것이며, 그것이 우리에게 의미가 있음을 선언하는 것이다.

가치관의 특성

가치관은 자연적인 방법으로 내 안에서 생겨나는 유기체적인 것이다. 가치는 외부에서 이식된 것이 아니라 나의 내면 세계에 속한 하나의 영역이다. 나의 가치관은 결국 나의 정체성이므로 가치관을 지킨다는 것은 결국 나 자신을 존중하고 신뢰하는 것이다.

• 나의 가치관은 다양한 가치들 중에서 나 자신의 의지로 선택한 것이다. 선택이란 나라는 사람이 누구인지를 드러내는 것이므로 자신의 가치관을 아는 것은 스스로를 아는 것과 같다.

• 가치관을 의식할수록 자신의 안위와 야망을 대가로 치르고라도 그 가치를 증명하려 들게 된다. 사람들은 당신의 이런 진실성을 존경하고 칭찬하거나 감사해할지 모른다. 그래서 흐뭇한 기분이 들 수는 있겠지만 이것이 동기를 부여해주지는 않는다.

• 가치관은 말과 행동을 통해 타인에게 전달된다. 행동은 당신의 가치관을 최종적으로 결정하는 요소이며 내면의 선택

을 반영한다. 사람들은 당신의 일관된 모습을 보고 당신을 믿게 될 것이다.

• 이 세계가 어떠해야 하며 나 자신, 혹은 타인이 어떠해야 하는지에 대한 뿌리 깊고 완강한 신념은 가치관이 아니라 융통성 없는 판단과 오래된 두려움에 근거를 두는 것이다. 이런 옹고집은 스스로의 자유를 억압하고 진정한 자기 발현의 기회를 가로막는다. 그리고 자발성과 친화성, 연민을 파괴한다. "명확성과 비모순성은 불가해한 것을 표현하기에는 너무나 단편적이다."라고 융은 말했다. 그리고 여기에 니체가 덧붙이기를, "광기로 이어지는 것은 의심이 아니라 확신이다."라고 했다.

우리가 살아 있다는 것은 주고받는 능력이 있다는 것이다. 비타협적인 태도와 혼자 거룩한 척하는 것은 제아무리 너그러운 사람이라도 면전에서 문을 닫아 걸게 만든다. 존 릴리John Lilly는 "판단과 폐쇄는 탐험가의 유연한 정신을 본받고자 하는 사람에게 최대의 적이다."라고 했다.

개인적 가치관과 정체성

개인적 가치관은 자기 자신과 타인에게 우리가 어떤 사람인지를 드러낸다. 우리가 소중하게 생각하고 행동으로 보여주고자 하는 가치가 바로 우리 자신인 것이다.

죄책감에 대한 두려움, 나쁘게 보이는 것에 대한 두려움, 벌을 받는 것에 대한 두려움에서 나온 행동은 우리의 가치관이 삶에서 온전히 최우선이 되지 못하고 있음을 의미한다. 그 결과 우리는 자신이 '가치가 없는' 사람인 것처럼 느끼게 되고, 죄책감이나 남들이 나를 어떻게 평가할 것인가에 대한 두려움에서 나온 행동 때문에 자존감에도 상처를 입는다.

자신만의 가치관을 가졌다고 해서 우리의 행동과 동기가 순수하다는 뜻은 아니다. 지각이 있는 어른은 누가 봐도 서로 모순이 되는 동기들을 동시에 품는 능력이 있다. 이타적인 결정에는 이기적인 동기가 하나도 없을 것이라고 생각하거나, 너그러운 결정에 잘난 척하는 정의감이나 의무감이 섞였을 리가 없다고 기대하는 것은 비현실적이다. 부정적인 요소가 있다고 해서 긍정적인 요소가 훼손되는 것은 아니다. 그것들은 빛과 그림자처럼 나란히 존재한다. 어른으로서 관심을 기울여야 하는 것은 오직 하나, 그 비율이다. '이번에는 지난번보다 너에 대해 한 번 더 순수한 관심을 기울이겠어.'

가치에 대한 자각

아직 계발되지 않았거나 잠들어 있는 가치를 일깨우기 위해 다음의 지침들을 따른다.

- 우리에게 해야 할 것과 피해야 할 것을 알려주는 내면의 메시지, 즉 본능을 믿어라.
- 기분이 좋아지기 위해 얼마나 많은 선택을 하는지를 깨달

고 자신에 대해 긍정적으로 생각하기 위한 선택을 계속하라.

• 신뢰할 만한 진실성을 가진 사람이나 단체, 혹은 프로그 램을 통해 당신의 동기와 선택을 점검하라.

• 다른 사람이 가진 가치 중 어떤 점에 자신이 강한 감동을 받는지 알아야 한다. 당신이 존중하는 가치에 따라 행동하되 죄책감도 부분적인 동기가 될 수 있다는 점을 인정하라.

• 가치가 행동의 동기가 될수록 죄책감이 동기가 되는 일이 줄어든다. 가치에 따라 행동하는 것이 편안해지고 스스로를 더욱 사랑하게 되면 자존감이 살아나고 자기 비하는 발붙일 곳이 없어진다.

무언가에 집착하지 않는다는 것은 그것의 무한한 가치를 깨닫는 것이다.

— 스즈키 슌류Shunryu Suzuki*

선善이 되는 가치

선善이란 용감하고 두려움을 모르는 선량함이다.

— 셰익스피어Shakespeare, 『자에는 자로Measure for Measure』**

* 일본의 선사
** 부패한 행정 판사의 이야기를 다룬 셰익스피어의 비희극 작품

선은 건전한 습성이며 자기 존중과 기질, 온전성을 구성하는 요소다. 아무리 더딘 걸음이라도 우리는 계속해서 선을 향해 나아가야 한다. 여기에는 내부적 변화가 뒤따를 수 있고, 그런 변화가 일어나고 난 뒤에 일부러 계획을 하거나 마음을 먹지 않아도 자연스럽게 선한 행동을 하게 된다. 세네카Seneca는 "선은 따로 선을 행해야 한다는 생각을 요구하지 않고 대신 습관으로 굳어져서 올바른 행동을 하지 않을 수 없게 만든다."고 했다. 일생을 통해 언제나 우리 안에 존재해온 선의 영원한 목적을 드러내는 것이 우리의 운명이다. 자애를 베푸는 선이 그 수행을 돕는다.

다음의 목록들은 용기를 북돋아주는 한편 두려움을 줄 수도 있다. 우리들 중 이런 이상적인 것들을 완벽하게 이룰 수 있는 사람은 극소수에 불과하지만 그럼에도 불구하고 목표를 높게 잡아야 도약의 기회를 노릴 수 있다. 아무리 미약한 것이라해도 우리가 이루어내는 모든 진보는 익숙하고 자기중심적인 습관으로부터 우리를 해방시키고 도덕적인 통합과 자존감이라는 새로운 습관을 길러준다.

아래 목록에서 매일 한 가지씩을 골라 깊이 고민하고 훈련 방법을 모색해보자.

• 세상의 모든 것은 변하고 언젠가는 끝이 나기 마련이다. 내가 계획한 대로 늘 일이 진행될 리 없고, 삶이 언제나 공정하

여 아픔으로부터 자유로워질 리도 없다. 그렇다고 사람들이 언제나 사랑이 넘치고 정직하며 너그럽고 성실한 것도 아니다. 그럼에도 불구하고 살면서 주어지는 모든 것들에 무조건적으로 '예스'라고 대답한다.

• 남들에게 인상적인 이미지를 주고자 하는 욕구와 체면을 유지하고자 하는 욕구를 버린다. 그리고 가식 없이 있는 그대로의 나를 보여주는 것에 만족한다.

• 나의 행동과 선택은 더 이상 남들이 나를 어떻게 생각할까라는 고민에 좌우되지 않는다. 남들에게 인정을 받거나 사랑을 받기 위한 어떠한 시도도 하지 않으며, 남들과 어울리기 위해 자신을 바꾸는 일도 그만둔다. 나는 남들의 반응에 상관없이 그저 있는 그대로의 나를 드러내는 일에 충실할 뿐이다. 더 이상 감언이설에 현혹되지는 않지만 누군가 나의 진가를 알아봐줄 때에는 충심 어린 감사의 마음을 전한다.

• 완벽하지 않은 자신을 최선을 다해 다듬어갈 것을 다짐한다. 이렇게 스스로에 관심을 기울일수록 세상에 대한 관심과 이 세상을 만들어 나가는 데 일조하고 있는 나의 역할에 대한 관심이 함께 커져간다.

• 살면서 저지른 크고 작은 잘못에 대한 후회나 자책에 사로잡히지 않는다. 언제든 잘못을 저지를 수 있다는 사실을 부끄러워하지 않고 그 모든 것을 배움의 기회로 삼는다면 앞으로 더 나은 행동을 할 수 있을 것이다. 그리고 기회가 있을 때마다

잘못을 보상하기 위해 노력한다면 잘못은 겸손과 연민을 키우는 수단이 될 수 있다.

• 주기적으로 나의 양심을 시험한다. 내가 누구에게 상처를 주었는가에만 주목하는 것이 아니라 나의 재능을 죽이고 있는 것은 아닌지, 과연 나의 재능을 남들과 나누고 있는지, 여전히 편견이나 복수심에 얽매여 있는 건 아닌지, 다른 사람들을 따뜻하게 대하는 데 최선을 다하고 있는지를 함께 점검한다.

• 자신과 타인의 언론의 자유를 두려워하지 않는다. 타인의 의견에 대해 방어적이 되거나 자존심을 세우기보다는 조심스럽게 귀를 기울이며 내가 미처 신경 쓰지 못하고 있는 부분이나 참을성이 부족한 부분, 여전히 폐쇄적인 부분을 짚어주는 피드백들을 기쁘게 받아들인다. 누가 나를 거짓말쟁이나 위선자라고 부를 때 그것은 내가 좀 더 노력해야 할 부분을 알려주는 것이다.

• 스스로 허세를 부리거나 진실하지 못하거나 수동적-공격적이거나 남을 조종하려고 든다고 느낄 때마다 자신에게 경고를 한다. 그리고 잘못된 행동을 하고 있다는 것을 즉시 인정한다.

• 나는 두려움과 기쁨, 슬픔, 애정과 같은 감정들을 기꺼이 표현하고 받아들인다. 그리고 분노를 표출할 때에는 가학적이고 위협적이고 비판적이고 통제 불능이 아닌 비폭력적인 방식을 쓴다.

• 나는 원하는 것을 청할 때 집요하게 요구하거나 남의 마음을 교묘하게 조종하려고 하거나 헛된 기대를 하지 않는다. 대신 적절한 때를 기다리며 타인의 한계를 존중한다. 그리고 거절은 거절 그대로 받아들인다.

• 타인의 무지나 사회적 위치, 자격, 경제적 궁핍을 악용하지 않는다. 타인을 속이거나 유혹하기 위해 신체적 매력이나 말, 마음을 미끼로 이용하지 않는다.

• 인간관계에 있어 경쟁적인 태도를 버리고 협동의 행복과 즐거움을 알아간다. 특히 나의 승리가 누군가의 패배가 되어야만 하는 상황을 피한다.

• 관심의 한가운데 서기 위해, 그리고 발톱을 세우고 성공의 맨 윗자리로 올라가기 위해 타인을 무시하지 않는다. 나는 일부러 자신을 높이지도, 자신을 학대하지도 않는다. 대신 삶이 우리 모두를 위해 준비해놓은 것들 앞에 길게 늘어선 줄 속에서 내 자리가 첫 번째든 꼴찌든, 아니면 중간 어디쯤이든 불평하지 않고 차례를 기다린다.

• 고의로 타인에게 상처를 주지 않는다. 만일 그들이 나에게 상처를 준다고 해도 복수를 하는 대신 대화의 문을 열어놓고 시정을 요구한다. 어떤 일이 있어도 누군가를 증오하거나 원한을 품지 않는다. 내가 친절을 베푸는 것은 타인에게 좋은 인상을 주거나 의무감을 심어주기 위해서가 아니라 내가 진짜로 친절한 사람이기 때문이다. 만일 그들이 나에게 감사를 표

시하지 않거나 친절을 되갚지 않더라도 다정한 태도를 버리지 않는다. 나는 타인에 대한 기대를 단념하지 않는다. 모든 사람은 선하게 태어났고 누구나 사랑을 받으면 그 선함이 드러난다고 믿는다.

• 어떤 집단에든 모욕과 따돌림을 당하는 사람들이 있다. 나는 내가 '내부자'에 속해 있다는 사실에 안주하기보다 내쳐진 사람들의 고통을 함께 느끼고, 적어도 나의 영역 안에서만큼은 모든 이들을 사랑과 존경으로 공평하게 끌어안는다.

• 유머 감각이 있다고 해서 남을 조롱하거나 놀리거나 비웃으며 희생양으로 삼지 않고 다른 이들이 나를 향해 빈정댈 때 '응수'하지 않는다. 상대방도 나와 같은 고통을 느낀다는 것을 인식하고 서로를 존중하는 소통 방식을 찾는다.

• 타인과 그들의 선택을 비난의 시선으로 바라보지 않는다. 남들만이 아니라 나 자신에게도 흠이 있다는 것을 알고 있고 그것을 결함이라기보다는 하나의 사실로써 받아들인다. 나는 사람들의 실수나 불행에 대해 대놓고 웃거나 기뻐하지 않는다.

• 직장에서나 인간관계, 타인과의 상호작용 속에서 고통과 학대를 느낄 때마다 '아얏!' 하고 아픔을 드러내서 표현한다. 바꿀 수 있는 것들을 바꾸기 위해 노력하되 만일 가학적인 상황이 조금도 나아지지 않는다면 그 관계를 벗어난다. 이것은 자기 연민도 아니고 상대방이 나쁘다는 것도 아니다. 나의 권리를 주장하고 나섰을 때 그 정당성을 인정해준다고 해서 흡족

해하지 않을 것이고, 인정해주지 않는다고 해서 앙갚음을 하지도 않을 것이다.

• 다른 사람들이 나에게 어떤 식으로 행동을 하든 상관없이 나는 모든 관계에서 엄격한 정직과 진실성의 기준을 따른다. '어떻게 하면 이 상황을 모면할 수 있을까?'가 아니라 '이 상황에서 무엇이 옳은 일일까?'를 고민하는 것이다. 그러다 실패하더라도 그것을 인정하고 보상하고 다음번에는 다르게 행동하기로 결심하면 된다. 그리고 필요하다면 망설임 없이 자진해서 사과한다. 무슨 일이든 교묘하게 빠져나가려고 하지 않고 정당한 대가를 치른다면 양심의 즐거움을 점점 더 소중히 여기게 될 것이다.

• 일관성을 지키는 것에 집중한다. 집에서나 인간관계에서나 일터에서나 나는 똑같은 사람이다. 따라서 낯선 이들도 가까운 사람들에게 하는 것처럼 존중과 진정성을 가지고 대해야 한다.

• 내가 내뱉은 말은 지킨다. 약속을 중요시하고 동의한 일은 끝까지 완수한다. 시간이 갈수록 나의 한계와 능력이 무엇인지 절감할 수도 있지만 이것은 무분별한 호의를 남발하는 대신 남에게 무언가를 해주는 데 있어 적절한 경계선을 긋는 데 도움을 준다.

• 나에게 무슨 일이 생기든 더 이상 두려움이나 욕망에 휘둘리지 않고 더욱 굳건하게 현실감을 유지할 수 있는 방법을

찾는다. 살다 보면 여러 가지 사건이나 타인의 행동이 나에게 영향력을 미치기는 하지만 내게 지장을 줄 정도는 아니다. 나는 스스로에 대한 믿음을 유지하면서 다른 사람들과 관계를 맺는다.

• 나는 확고한 신념을 가진 인간이지만 융통성이 있다. 따라서 행동을 바꾸고, 더 이상 쓸모가 없어진 믿음을 버리고, 점점 변하는 세상의 요구에 맞춰 생활 방식을 개조할 수도 있다.

• 살아오는 동안 수없이 많은 원천으로부터 얻은 가치관에 대해 감사한 마음을 갖는 동시에 가족과 학교, 종교, 그리고 사회로부터 이식된 신념과 편견, 추정과 근거 없는 믿음이 혹시 나의 눈을 가리고 있지는 않은지 살핀다. 그리고 건강하고 선한 삶과 일치하지 않는 것들은 하나씩 폐기하고 일치하는 것들은 소중하게 간직한다.

• 나는 성적性的으로 사랑과 열정, 즐거움을 점점 더 적극적으로 표현한다. 책임감 있는 어른답게 누군가와 관계를 맺고 행복을 추구하기 위해 죄책감과 유년기의 혐오증은 그만 벗어던진다.

• 나는 음식과 술, 마약, 섹스 등이 중독의 매개체가 될 수 있음을 잘 알기에 주의를 게을리하지 않고 늘 절제를 실천할 방법을 찾는다.

• 나는 은행 잔고가 얼마인지, 사업에서 얼마나 많은 것을 이루었는지, 사람들에게 얼마나 큰 힘을 행사할 수 있는지가

아니라 얼마나 변함없는 사랑을 줄 수 있느냐로 나의 성공을 잰다. 내가 얼마만큼 큰 사랑을 할 수 있는지를 표현하는 것이 나의 삶의 주요 관심사다.

- 의미 있는 일과 프로젝트에 열정적으로 헌신하는 것이 나의 행복의 원천이다. 나는 내 안의 가장 깊은 곳에 있는 욕구와 소망, 가치와 가능성을 계속해서 발견해가며 그것들과 일치하는 삶을 살아간다. 하나의 일을 완수한다는 것은 자랑스럽게 여길 만한 가치가 있다. 소로는 자신의 일기에 "장작더미를 자랑스러운 눈으로 바라보고 있는 한 남자"라고 썼다. 이곳에 열거한 자기 단련에 대한 진지한 다짐들이야말로 나의 '장작더미'다.

- 나는 어떤 프로젝트나 관계를 시작할 때 이런 질문을 던진다. 이것이 과연 나의 삶의 목적을 실현하는 데 있어서 적합한 것인가? 나의 삶의 목적은 내 안에 있는 생동감 넘치는 나만의 잠재력을 마음껏 펼치고 온 힘을 다해 사랑하며, 어떤 방식으로든 어디에서든 내가 가진 개인적인 재능을 나누는 것이다.

- 내게 재능을 나눠준 사람들에게 내가 얼마나 많은 혜택을 입었는지 인정한다.

- 삶의 목적을 이루기 위해 쉼 없이 달려갈 준비가 되어 있다. 그러나 불안한 자아가 지배하는 세계에서 유일한 가치로 여겨지는 평판이나 지위, 명성, 혹은 재산을 얻기 위해 건강을 위태롭게 만들지는 않겠다. 내가 삶에서 초점을 맞추는 것은

그저 좋은 사람이 되는 것뿐이다.

　• 스스로 달라지기 위해 노력하다 보면 나를 둘러싼 세상이 탐욕스러운 정치와 스트레스들로 가득 차 있다는 것을 점점 더 뚜렷하게 의식하게 된다. 나는 권위에 의문을 던지고, 전쟁과 보복, 증오와 무지의 종식을 지지한다. 그렇다고 정치와 종교 지도자들, 국가가 변할 수 있다는 믿음을 완전히 포기한 것은 아니다.

　• 악에 대항하고 정의를 위한 비폭력적인 투쟁을 멈추지 않을 것을 맹세한다. 이것이 내가 인과응보식의 정의보다 회복적 사법제도를 지지하는 방식이다.

　• 나보다 운이 나쁜 사람들의 고통과 가난에 늘 깨어 있으며 시간과 관심, 돈과 나 자신을 바쳐서라도 이들을 도울 수 있는 방법을 모색한다.

　• 고통 받는 사람들을 눈앞에 두고 시선을 돌리지 않을 것이며, 신이나 인간성만 탓하며 손을 놓고 있지도 않을 것이다. '그렇다면 내가 무엇을 해야 할까요?'라고 주저 없이 물을 것이다. 그리고 그들의 고통을 덜어주는 데 아주 작은 도움이라도 되기 위해 노력할 것이다. '어둠을 저주하기보다는 촛불 하나를 밝히는 편이 훨씬 낫다.'

　• 나는 공해와 지구 온난화, 경제 불황, 경제적 탄압, 핵무기 보유, 인권 침해와 같은 재난들에 대해 걱정하지 않을 수 없다. 이렇게 세계에 대한 고민을 계속하면서 지역적 차원에서

내가 할 수 있는 방법을 찾아 행동에 나선다. 자연에 대해 깊은 애정을 품게 된 뒤로 나는 지구 위를 살살 걸어 다니게 되었는데 성 보나벤투라St. Bonaventure는 그것을 '자연에 대한 예의'라고 불렀다.

• 내가 가진 사랑이나 지혜, 치유의 힘이 어떤 것이든 나는 그로부터 오는 영적인 에너지를 느낄 수 있다. 내 안에 있는 것들은 나로부터 오는 것이 아니라 나를 통해 오는 것이다. 나는 이처럼 용기를 불어넣어 주는 은총에 감사하고 그 은총에 부끄럽지 않게 살라는 소명에 순응한다.

인간이 된다는 것은 완전한 인간 본성을 달성하는 임무를 품고 이 세상에 태어난다는 것이다. 이것은 오로지 선을 통하여 이루어진다…… 선은 인생을 헛되게 살지 않도록 하는 유일한 길이다.

— 폴 워델Paul Wadell

건강한 어른이 되기 위한 선서

우리의 눈이 그 빛에 적응하려면 수백 년이 걸리는 게 아닐까?…… 나는 온 힘을 다해 끝을 향해 돌진할 준비가 되어 있다. 지평선을 뒤덮은 안개는 더욱 자욱하지만 그 길 위를 한 발자국씩 내디딜 때마다 나의 확신은 그만큼 커져갈 것이다.

— 테일하드 드 샤르댕Teilhard de Charadin

- 나는 나의 삶의 모습에 대해 전적으로 책임을 진다.
- 나는 나의 진실과 힘, 환상, 소망, 생각, 몸, 성性, 꿈, 악마나 유령을 결코 무서워하지 않는다.
- 나는 "의식의 확장 전에 항상 어둠과 대변동이 일어난다." (융)는 말을 믿는다.
- 나는 사람들이 내 곁에 머무르거나 떠나가는 일에 연연해하지 않는다. 아무래도 나는 괜찮다.
- 나는 다른 사람들로부터 내가 원하는 만큼의 관심을 받지

못하거나 혹은 한 번도 그런 관심을 받은 적이 없다는 것을
인정한다.

- 나는 현실이 나에게 빚진 것이 없다는 것을 안다. 현실은
  나의 바람이나 권리에 좌우되는 것이 아니다.
- 나는 다른 이들이 나에게 주는 것에 한계가 있고 내가 다른
  이들에게 주는 것에도 한계가 있다는 것을 잘 안다.
- 연민을 가지고 다른 사람의 행동을 보기 시작하자 비로소
  그것을 이해할 수 있게 되었다.
- 나는 다른 사람에 대한 비난과 후회, 복수심, 나에게 상처
  를 주거나 나를 거부한 사람들을 응징하고자 하는 유치한
  욕망을 버린다.
- 변화와 성장이 두려울 때에도 나는 그 길을 택한다. 두려우
  면 두려운 대로 행동할 수 있지만 결코 두려움 때문에 행동
  하지는 않는다.
- 더 이상 부모가(혹은 다른 사람들이) 정해놓은 규칙을 따르지
  않더라도 불안해하지 않는다.
- 나는 나의 진실성을 소중하게 여기며, 이것을 다른 누군가
  의 행동을 판단하는 잣대로 사용하지 않는다.
- 내가 어떤 생각을 하든, 어떤 마음을 품든 그것은 나의 자유
  다. 그러나 내가 원하는 일이라고 해서 무엇이든 할 권리는
  없다. 나는 자유롭게 행동하면서도 자유의 한계를 존중한다.
- 자아 발견이 막 이루어지려는 순간 갑자기 뒷걸음질을 치

고 싶은 충동을 이겨낸다.

- 나는 사람과 사물에 대한 기대를 하나씩 차례로 덜어낸다.
- 누구도 나를 구제해줄 수 없고 구제해줄 필요도 없다. 누군가로부터, 혹은 무언가로부터 내가 마땅히 보호받을 권리는 없다.
- 바라는 마음은 있겠지만 무언가를 줄 때 상대방에게 감사를 요구하지 않는다.
- 나는 직접적인 행동을 쓸데없이 방해하거나 용납할 수 없는 상황에서 물러서게 만드는 불평불만을 거부한다.
- 나는 통제력을 잃지 않으면서 통제하려는 마음을 버린다.
- 나의 인생에 있어 선택과 통찰은 엄격하고 절대적이기보다 늘 융통성이 있다.
- 만일 사람들이 내가 진짜로 어떤 사람인지 안다면 내가 자신들과 별다를 것이 없는 인간이라는 사실에 나를 사랑하게 될 것이다.
- 나는 가식을 버리고 모든 언행에서 진실한 모습을 드러낸다.
- 나는 다른 사람들이 나에 대해 가지고 있는 생각들을 바로잡고 싶은 마음을 버린다.
- 변화는 내가 호응할 때 더욱 좋은 모양새가 된다.
- 나는 스스로 세운 기준에 따라 살면서 가끔 저지르는 실수를 관대하게 넘기고 용서한다.
- 나는 스스로에게 일과 인간관계에서 잘못을 저지를 수 있

는 여지를 주고 언제나 옳아야 하고 뛰어난 능력을 발휘해
야 한다는 압박에서 벗어난다.

- 기대에 늘 부응하지 못하는 것이 정상이다.
- 음식이나 섹스에 있어 만족스러운 합일에 도달하지 못한다
  고 해도 너그럽게 넘어간다.
- 나는 나에게 다가온 그 어떤 도전도 충분히 감당할 수 있다.
- 자기 수용self-acceptance은 엄청나게 많은 변화를 내포하고
  있으며 현실에 안주하는 자기만족과는 전혀 다르다.
- 나는 내가 사랑하는 일을 하고, 내가 하고 있는 일을 사랑
  할 때 행복을 느낀다.
- 마음을 활짝 열고 지금 내가 처한 상황을 적극적으로 받아
  들인다면 강력한 생의 활력이 샘솟을 것이다.
- 조건 없이 사랑하되 나 자신을 내어주는 데 있어서는 적절
  한 조건을 건다.

위대한 변화는 저절로 발생하는 것이 아니다. 어둠 속에서 예기치
않게 성냥불을 켜는 데 성공하는 것처럼 그 순간이 찾아온다.

— 버지니아 울프Virginia Woolf

2부

어른다운 관계를
맺는다는 것

7

관계 속에서 개인적인 경계를 유지하는 법

개인적인 경계는 나만의 내밀한 정체성의 핵심과 선택권을 보호하기 위한 것이다:

"모든 것들은 저마다 그 안에 가장 소중한 새로움을 품고 있다."

— 제라드 맨리 홉킨스Gerard Manley Hopkins*

우리의 여정은 아무런 경계심이 없는 갓난아기 때부터 시작되었다. 아기는 자신이 어떻게 어머니의 뱃속에서 빠져나왔는지, 어디에서부터 생겨났는지 알지 못한다. 그리고 마치 전지전능한 신처럼 어떤 욕구든 다 채울 수 있고 무엇이든 통제할

* 19세기 영국의 시인

수 있다고 믿는다.

성장에서 오는 첫 깨달음은 바로 '분리'이다. 우리의 첫 번째 과제는 나를 돌봐주는 사람들과 내가 분리되어 있다는 개인적 경계선을 인지하는 것이다. 여기에서부터 출발한 깨달음의 과정은 결코 쉽지 않은 싸움이다.

때로는 분리가 방치처럼 느껴질 수도 있다. 삶이 막 시작되는 시점에서 집착을 버린다는 것은 곧 힘과 안정된 욕구 충족의 기회를 잃는 것이다. 오늘날 우리가 하는 맹렬한 집착의 원인은 이 근원적인 두려움과 잘못된 동일시에서 찾을 수 있다.

어른은 분리가 방치가 아니라 단순히 인간으로서의 조건이라는 것을, 그것도 건강한 관계를 성장시킬 수 있는 유일한 조건이라는 것을 안다.

경계에서는 일방적인 의존보다는 상호 의존을 하고, 일방적으로 보호받을 권리보다는 스스로를 보호할 책임이 따른다. 경계가 분명하기에 상대방을 통제하지 않고 존중하는 상호 관계가 생기는 것이다.

경계는 사람들 사이를 소원하게 하는 것이 아니라 오히려 더 가깝게 만들어준다. 그리고 그 과정에서 개인의 정체성을 안전하게 유지해준다.

개인적인 경계를 포기하는 것은 곧 스스로를 방치하는 것이다. 두 사람 중 어느 한쪽이, 혹은 양쪽 모두가 자신만의 독립된 정체성의 내적 중심을 버렸을 때 어떤 관계도 제대로 무르익을 수 없다. 릴케는 "사랑은 자유로운 두 사람이 서로를 받아들이고 경의를 표하고 함께 성장할 때 생기는 것"이라고 말했다.

건강한 사람이라면 그 충성에 한계가 있고, 무조건적인 사랑과 조건부 행동이 동시에 가능하다. 무조건적이라는 것이 무비판적이라는 의미는 결코 아니다. 우리는 누군가를 조건 없이 사랑하면서도 자신의 경계를 보호하기 위해 그/그녀와의 상호작용에 있어 조건을 내걸 수 있다. '나는 당신을 조건 없이 사랑해. 그렇지만 나를 위해 당신과 함께 살지는 않겠어.' 이쪽이 좀 더 영리한 사랑일 수도 있다.

개인의 본질적인 핵심은 관계가 시작되고 변화하고 끝날 때까지 온전히 그대로 유지되어야만 한다. 이 여정은 결코 우리의 전체성을 해치지 않는다. 자신의 개인적인 경계를 분명하게 알고 있다면, 나를 나이게 하는 타고난 정체성은 다른 누군가가 줄 수 있는 것도 아니고 그들에게 빼앗길 수 있는 것도 아니다.

자신만의 전체성을 지키면서 마음을 완전히 활짝 열고 다른 이들과 친밀한 관계를 맺는 것이 기능적인 건강한 자아를 세우는 길이다. 타인과 접촉하면서도 오롯이 일관성을 유지하는 것은 자존감을 높이는 데 대단히 큰 도움을 준다. 이것이 바로 어른들의 상호 의존 방식이다.

친밀한 관계에서 우리는 상대방에게 '자아를 투자'하게 된다. 이것은 우리가 상대방의 행복에 깊이 마음을 쓰고 있다는 것을 의미한다. 또한 이것은 나에 대한, 그리고 나의 행동에 대한 상대방의 의견에 신경을 쓴다는 것을 의미한다. 그래서 우리는 상처를 받거나 거절을 당하는 것에 약해진다. 상대방에게 그럴 만한 힘을 주었기 때문이다. 이는 지극히 정상적인 상황으로 헌신의 본질상 필연적으로 생겨나는 것이다.

기능적인 자아 투자functional ego-investment에서는 상대방에게 힘을 준다고 해서 내 존재가 작아지지 않는다. 우리가 약해지는 건 희생양이라서가 아니라 사랑을 하고 있기 때문이다. 다시 말해서 상대방에게 헌신하는 것이 내가 경계를 잃는 것을 의미하지는 않는다.

신경증적인 자아 투자neurotic ego-investment에서는 스스로를 보호할 능력을 상실한다. 상대방의 행동이 우리의 정신 상태에 일시적인 영향을 미치는 것이 아니라 완전한 결정권을 행사하게 되는 것이다. 이렇게 되면 능동적으로 행동을 취하는 것이 아니라 수동적인 반응을 보이며 살게 될 뿐이다.

이것이 (1장에서 말한 대로) 어린 시절의 해결되지 못한 상처가 어른이 된 이후 어떤 식으로 자존감을 파괴하는지를 보여주는 예이다. 어린 시절에 학대를 당하면서도 스스로를 방어할 수 있는 방법이 전혀 없었던 사람들은 관계에 있어 건강한 자아 투자를 하는 데 가장 큰 어려움을 겪는다. 그들의 개인적인 경계는 분명하거나 안전했던 적이 한 번도 없었고, 어른으로서 관계를 맺는다는 것은 그들의 불안정한 자아를 더욱 고갈시킬 뿐이다. 과거의 학대에 대해 적절한 애도를 할 때 비로소 바닥을 드러낸 내면을 다시 채울 수 있게 된다.

'더 이상 의미가 없어진 것에 매달린다.'
나는 경계를 잃고 의존적 관계가 된다.
이것은 나에게 이런 의미이기 때문이다.
'만의 하나의 가능성이라도 놓칠 수 없다.'

의존적 관계는 자신에게서 이미 등을 돌린 누군가에게 무조건적인 사랑을 바치는 것이다.*

개인적인 경계를 유지하는 법

• 당신이 무엇을 원하는지 직접적으로 말하라. 이것이 자기 자신에게, 그리고 다른 사람들에게 당신의 정체성을 확실하게 알리는 길이다. 당신이 의식할수록 경계선은 더욱 분명해진다. 2장의 '자기주장의 기술'에서 나는 경계를 인간의 진정한 자유의 유일한 조건이라고 했다. 만일 당신이 누구와도 가까워지는 것을 피할 정도로 경계에 엄격하다면 그것은 당신이 두려움의 손아귀에 잡혀 있기 때문이다. 만일 당신의 경계가 허술하거나

* 이 장의 마지막에 나오는 점검표의 왼쪽이 실생활에서의 '의존적 관계'의 정의를 보여준다.

불분명하다면 타인의 통제에 굴복하고 끌려갈 수도 있다. 경계가 약할 때 불안하고 겁을 먹게 되는 것이 사실이다. 이런 두려움은 스스로 원하는 것이 무엇인지 알 수 없게 만든다. 조금씩 경계를 세워 나가다 보면 안정감이 생겨나고 두려움은 줄어든다. 그러면 당신은 자신이 원하는 것이 무엇인지 알게 되고 그것을 요청할 수 있게 될 것이다.

• 스스로를 위해 좋은 마음의 부모가 되어 내면을 돌보아라. 관계가 폭력적으로 변모하여 나에게 상처를 주고 삶을 침해하는 순간을 알아챌 수 있는 내적인 직관력은 어린 시절의 문제를 해결하면서 생겨나게 된다. (1장 참조) 이를 유지하기 위해서는 친구나 자립 모임, 혹은 치료 과정을 통한 정직한 피드백이 지속적으로 필요하다.

• 당신을 향한 다른 사람들의 행동을 관찰하되 그들의 문제에 얽히지 말고 그저 정보로만 받아들여라. 스스로를 보호할 수 있는 영역 안에서 공정한 증인이 되어 지켜보기만 해라. 이것이 자신의 경계를 존중하는 일이다. 그러면 다른 이의 유혹이나 공격에 영향을 받지 않고 그들의 제안이나 불 같은 비난을 얼마나 수용할지 결정할 힘을 갖게 된다.

• 한계선을 유지하라. 상대방의 거절이나 거짓말, 실망, 배

신을 몇 번이나 봐줄 것인지 한계를 정하고, 괴로운 현실을 인정하고 상대방과 진지하게 대면할지, 혹은 각자의 길을 갈 것인지를 판단하라. 바라는 것은 많지만 얻을 수 있는 것은 늘 적은 관계, 행복을 바라지만 상처뿐인 관계처럼, 흥분은 되지만 미래가 없는 관계에 중독되어 있는 나의 현실을 직시하는 것이다. 이런 환상에 불과한 믿음은 초라한 현실에 대한 보상이자 과대 포장일 뿐이며 애정을 갈구하면 할수록 우리가 유지할 수 있는 경계는 점점 줄어든다.

• 신뢰의 대상을 타인에게서 자기 자신으로 바꾸어라. 어른인 당신은 완전하게 신뢰할 수 있는 누군가를 찾고 있는 것이 아니다. 인간적인 결함이 있을 수 있다는 것을 인정하고 절대 안전할 것이라는 기대를 버려라. 그리고 스스로 사랑을 받아들이고 상처를 다스릴 수 있음을, 신뢰를 받아들이고 배신에 적절하게 대처할 수 있음을, 그리고 친밀감을 받아들이고 거절에 대응할 수 있음을 믿어라.

반전

도교에서 '내적인 핵심'이란 특별한 것이라기보다는 오히려 아무것도 아니다. 텅 비어 있고 그 무엇으로도 채워지지 않는 광활함이다. 우리가 '진정한 정체성'이라 부르는 것은 개인적인 습관과 선택의 또 다른 이름일 뿐이다. 정신적인 해방은 이런 점을 충분히 이해하면서 독립적이고 견고한 정체성을 요구하는 자아의 주장을 철회하는 것이다(서문 참조). 사람들은 서로 다른 성격과 재능, 재주, 결함, 잠재력들을 가지고 있다. 바로 이런 점 때문에 우리 각자가 영원의 시간 선상에 자신의 존재를 드러내는 매우 특별한 기회인 것이다. 그러나 우리의 궁극적인 '핵심'은 행위의 대리인이 아닌 행위 그 자체이고, 덩어리가 아닌 열린 공간이며, 최종적인 정의가 아닌 끝없이 펼쳐진 가능성이다. 이처럼 특정한 이름을 붙일 수 없기에 우리는 시간이나 장소에 얽매이지 않고 개인의 한계를 초월한 정체성을 갖게 되는 것이다.

인생의 재미있는 모순은 특별한 사람이 되는데 삶의 반을 보내고, 나머지 반 동안 다시 아무것도 아닌 사람으로 되돌아간다는 것이다. 우리는 기능적 자아를 세운 다음 그것을 해체하고 초월한다. 경계는 기능적 자아(마음과 성격, 재능, 선택권 등)를 보호하기 위한 것으로 일단 자아를 초월하고 나면 더 이상 의미가 없어진다. 경계란 심리 활동의 영역과 정신적인 변화의 한계를 표시하는 것일 뿐이다.

기능적 자아의 정체성을 세우고 유지해왔지만 우리는 이제 이에 대한 집착을 버리고 우리 앞으로 다가오는 모든 공간에 두려움 없이 발을 들여놓는다. 기를 쓰고 붙잡을 이미지도 없고, 다른 사람이 나를 어떻게 생각하는지를 바로잡을 일도 없기에 굳이 보호할 것이 남아 있지 않다. 그렇게 우리는 주변에서 일어나는 일들을 받아들이고 관찰하고 연민으로 대하며 공정한 목격자가 된다. 모든 것을 내려놓으면 다시 잃을 일도 없어진다. 이제 마이스터 에크하르트의 말이 마음 깊이 와 닿게 될 것이다. "모든 것은 사라지기 마련이고, 우리의 영혼은 아무런 제약도 없는 무無의 한가운데 서 있다."

경계에 대한 점검표

관계에서 경계를 포기할 때:	관계에서 경계를 지킬 때:
자신이 무엇을 좋아하는지 잘 모른다.	자신이 무엇을 좋아하는지 분명하게 알고 그에 따라 행동한다.
참고 견디는 성격이라 자신이 불행하다는 것을 미처 깨닫지 못한다.	자신이 행복한 때와 불행한 때를 잘 안다.
상대방의 상황이나 현재의 기분에 맞춰 자신의 행동과 계획, 의견을 쉽게 바꾼다. (수동적인 삶)	자신의 중심을 유지하면서 주위 사람들의 기분을 파악한다. (적극적인 삶)
점점 더 많은 노력을 기울이는데도 얻는 것은 점점 적어진다.	결실이 따르는 일에 더 많은 노력을 기울인다.
남들의 인정을 받아야 자존감이 생긴다.	애정을 다해 대하되 다른 이들이 보여주는 반응은 참고로만 삼는다.
바라고 기다리면서 희망을 가지고 산다.	변화를 위해 같이 노력하면서 긍정적으로 생활한다.
그럭저럭 버티고 있다는 것에 만족한다.	자신이 잘 해내고 있을 때에만 만족을 느낀다.
달콤한 말에 넘어가서 객관성을 잃는다.	피드백에 감사 인사를 하면서도 그것이 자신을 속이려는 것인지 아닌지를 구분한다.
자아도취에 빠진 사람과 가까워지기 위해 노력한다.	주고받는 애정 관계가 가능한 상대에게만 마음을 연다.
상대방에게 집착하며 심각한 영향을 받는다.	상대방의 행동에 의해 영향을 받기는 하지만 그것을 하나의 정보로만 받아들인다.
섹스를 하기 위해, 혹은 섹스를 기대하며 자신의 모든 개인적인 한계치를 저버린다.	섹스를 삶의 한 부분으로 받아들이고 즐기기는 하지만 결코 그 대가로 자신의 조화를 깨트리지는 않는다.
상대방을 당신을 흥분시키는 사람으로 본다.	상대방을 당신의 흥미를 자극하는 사람으로 본다.
마음이 아프고 억울하지만 분노를 느끼지는 않는다.	마음껏 분노를 느끼고 아픔을 표현하며 변화를 위해 노력한다.

관계에서 경계를 포기할 때:	관계에서 경계를 지킬 때:
복종, 타협, 회유	동의와 협상
속으로 내키지 않는 부탁도 들어준다. (거절하지 못한다.)	오로지 자신이 동의한 부탁만 들어준다. (거절할 수 있다.)
기대를 저버리지 못하고 자신의 직관을 무시한다.	자신의 직관을 존중하고 기대와 구분할 줄 안다.
상대방이 자신의 자녀나 친구들을 학대하도록 내버려 둔다.	타인의 경계선도 자신의 경계선과 마찬가지로 안전하게 지켜주어야 한다고 주장한다.
늘 두려워하거나 혼란스러워한다.	늘 안정감을 느끼고 모든 일에 확신을 갖는다.
자신의 통제 능력을 벗어나는 골치 아픈 일에 말려든다.	언제나 다른 선택의 가능성이 있다는 것을 자각하고 있다.
자신의 것이 아닌 삶을 살아가면서도 그런 사실을 알아차리지 못한다.	언제나 내 안에 있는 가장 간절한 욕망과 희망들을 투영한 삶을 살아간다.
상대방이 당신의 헌신을 필요로 하는 한 자신을 온전히 내어준다.	어느 정도까지, 그리고 얼마나 오래 이 관계에 헌신할 것인가를 스스로 결정한다.
사생활에 대한 권리는 없다고 믿는다.	거짓말을 하거나 은밀하게 감출 필요 없이 사적인 영역을 보호한다.
자신이 한 번도 충분히 베푼 적이 없다고 생각한다.	돌려받을 것을 기대하지 않고 적절하고 너그럽게 베푼다.
상대방이 갑자기 시간이 난다고 하면 친구와의 약속을 깬다.	상대방이 자신의 스케줄에 맞추도록 한다.
합당한 보상을 해주고 난 뒤에도 죄책감에서 벗어나지 못한다.	일단 보상을 해주고 나면 만족을 느끼고 마무리를 짓는다.
그/그녀를 실망하게 하면 당신을 떠나거나 벌을 줄까봐 두려워한다.	자존감을 지키면서 상대방의 반응에 대처할 수 있다고 믿는다.
상대방이 감정이나 진실에 상처받지 않도록 상황을 무마한다.	상대방이 진실을 알고 느낄 수 있도록 돕는다.

관계에서 경계를 포기할 때:	관계에서 경계를 지킬 때:
상대방의 중독을 참고 인내한다.	상대방의 중독에 정면으로 맞서고 앞으로 변화의 가능성이 없다면 관계를 정리한다.
누군가에게 기쁨을 주거나 집착하기 위해 자신의 도덕적 기준을 버린다.	자신만의 규칙들을 일관성 있게 유지한다.
자신의 육체적 건강을 위험에 빠트린다.	그 어떤 경우에도 자신의 몸을 보호한다.
외모, 매력, 미사여구, 혹은 경제적 부에 휘둘린다.	추가로 가진 것들은 디저트라고 생각하고 즐긴다.
도에 넘게 돈을 주거나 빌려주거나 투자한다.	빠른 상황 판단에 따라 돈에 관한 문제들을 현명하고 객관적으로 처리한다.
객관성, 지성, 힘을 잃는다.	개인적 분별력을 유지한다.
다른 사람들의 경계를 무단으로 침입한다.	다른 사람들의 경계를 존중한다.
'의존적 관계co-dependency'에 대한 정의	'자기 양육self-parenting에 대한 정의

위의 차트를 유용하게 사용하는 방법:

각 항목마다 옆에 점을 찍고 선을 긋는다. (양쪽에 각각 다른 종이를 사용하라.) 선의 끝이나 중간에 나의 행동들을 적고 대답의 다수가 몰린 것이 어느 쪽인지 살펴본다.

상대방이 누구냐에 따라 결과가 달라질 수도 있다.

예) 배우자에 대해서는 약간 허술한 경계, 부모에 대해서는 명확한 경계, 자녀에 대해서는 적당히 누그러진 경계.

이 결과는 당신이 힘들어하는 것이 무엇인지, 어떤 점에서 더욱 노력이 필요한지, 만족할 만한 점들은 무엇이 있는지를 알려준다.

8
진정한 친밀감

진지하게 사랑하는 사이에서 남녀의 친밀감이란 무엇인가?

진정한 친밀감의 요소

1. 스스로를 돌볼 수 있는 풍부한 내적 자원. 따라서 우리는 (아이가 부모에게 하듯이) 필사적으로 누군가에게 의존할 필요가 없고 (아이를 가진 부모처럼) 상대방을 돌볼 필요도 없다.

2. 상대방의 충심을 받아들이고 배신에 대처할 수 있다는 믿음. 어른의 관계는 (부모와 자식 간의 관계처럼) 절대적인 신뢰를 바탕으로 하는 것이 아니라 인간의 변덕스러운 마음을 충분히 인지한 무조건적인 사랑에 기초한 것이다.

3. 주고받을 수 있는 능력. '난 오래전에 두려움을 극복했으

니까 이제 내 감정을 보여주고 당신의 감정을 받아들이겠어. 그리고 성적인 방법으로든 그 외의 방법으로든 나의 애정을 표현하고 당신의 애정을 받아들일 거야.'

4. 서로의 생활 방식과 책임감, 섹스에 대한 기본적인 규칙, 각자 요구하는 시간과 장소가 다를 수 있다는 점을 존중하기.

5. 가감 없는 자신의 모습과 서로의 차이점, 발전, 진로를 기쁜 마음으로 받아들이기. 누군가에게 인정받기 위해 '멋지게 보이고 싶어 하는' 욕구는 교제 기간에는 적절하나 성숙한 친밀감에는 불필요한 것이다.

6. 상대방에 대한 집중. 바로 자신의 이야기를 늘어놓지 않고 그/그녀의 감정과 걱정에 성실하게 귀를 기울인다.

7. 상대방이 자리를 비우거나 협조적이지 않거나 감정적인 호응이 없을 때에도 관계를 유지하기 위해 모든 노력을 기울이기. 상대방은 나의 욕구 충족을 위해서가 아니라 그/그녀만의 고유한 가치가 있기 때문에 소중한 것이다.

8. 사랑과 분노를 동시에 소화할 수 있는 능력. '당신은 나한테 화를 낼 수 있어. 그래도 당신을 사랑하는 마음은 변하지 않을 거야. 내가 당신에게 화를 낼 때에도 난 당신을 여전히 사랑해.'

9. 로맨스로 시작해서 갈등을 겪고 사랑의 맹세를 하기까지 관계의 단계들을 무사히 뚫고 나가며 점점 성숙한 사랑을 하는 것.

10. 상호작용에 있어 비계층적非階層的일 것. 어떤 결정을 내리는 데 있어 통제와 우월 의식, 경쟁, 보호자와 피해자 역할, 일방적인 권력 따위는 존재하지 않는다.

11. 어른이라면 잘될 것 같거나 잘될 가능성이 있어 보이는 사람과의 관계에 헌신한다. 전통적으로 맹세란 그 끝이 좋든 나쁘든 결속에 대한 집착을 의미하는데, 이것이 관계의 진정한 목표인 행복을 파괴할 수도 있다.

12. 스트레스와 변화의 위기에 퇴색되더라도 서로에게 '자신을 내어준' 본질적인 결속을 유지하기. 이 결속은 무조건적인 것이다. 만일 더 매력적이고 더 재미있고 '딱 이 사람이다' 싶은 '누군가가 나타난다고 해도' 그것을 단지 새로운 사람의 매력이나 현재의 관계에서 부족한 점에 대한 정보로만 받아들인다. 이로 인해 관계가 깨지거나 새로운 관계에 발을 들여놓는 일은 일어나지 않는다.

이상의 열두 가지 요소들은 건강한 자아와 무조건적인 사랑이 친밀한 관계와 어떤 관련이 있는지를 보여주고 있다.

친밀한 관계에서 생겨나는 두려움
유년기에 생겨난 두려움은 어른이 되어 관계를 맺는 데에도 그림자를 드리운다.

· 버림을 받고 상대방을 잃게 될지도 모른다는 두려움. 그래서 타인에게 집착하거나 소유하려고 하게 된다.

· 상대방에게 완전히 사로잡혀서 나 자신을 잃을지도 모른다는 두려움. 그래서 타인으로부터 도망을 치거나 일부러 거리를 유지하게 된다.

위의 두려움들은 정상적인 것으로 누구나 이 두 가지를 모두 가지고 있다. 친밀한 관계에서는 이 둘 중 어느 한쪽이 좀 더 우세한 영향력을 행사하게 되는데 이것이 문제가 되는 것은 두려움이 너무나 강해져서 우리의 판단과 행동에 영향을 미치는 경우다.

어른으로서 관계를 맺는다는 것은 상대방과 너무 거리를 두어서 버림받을지도 모른다는 두려움이나 상대방과 너무 가까워져서 지나치게 사로잡힐지 모른다는 두려움을 딛고 자신을 내어주는 것이다. 상대방의 행동 때문에 이런 두려움들이 생겨난 것처럼 보일 수도 있지만 사실 이것들을 만들어낸 것은 나의 망상이다. 우리를 아프게 하는 것들이 사라졌는데도 여전히 따끔거리는 통증이 남는 것처럼, 오래전에 자행된 약탈을 제대로 인지하고 복구하고 용서하지 않은 채 그냥 묻어두는 바람에 피폐해져버린 내면의 풍경에 반응하고 있는 것이다. 하이데거 Heidegger는 이에 대해 인상적인 표현을 남겼다. "무시무시한 일들은 이미 다 일어나버렸다."

버림받거나 사로잡히는 것에 대한 두려움은 세포적인 반사작용이며 이런 상대방의 두려움을 지나치게 사적인 감정으로 받아들이지 않는 지혜가 필요하다. 이런 두려움들은 이성적인 것이 아니므로 상대방을 비난하거나 설득해서 벗어나게 할 수 없다. 한쪽에서는 연민으로 감싸주고 다른 한쪽에서는 변화를 위해 노력하는 것이 최선의 방법이다. (변화를 위해 어떤 노력을 해야 하는지는 이 장의 마지막 부분에 설명해놓았다.)

사실 어른에게는 버림을 받는다기보다 누군가 내 곁을 떠난다는 표현이 더 옳을 것이다. 그리고 상대방에게 사로잡힌다기보다 나의 삶이 상대방으로 가득 찬다는 표현이 더 맞을 것이다. '현재'에 초점을 맞추고 살다 보면 모든 것이 훨씬 더 실제에 가까워지고 남 탓으로 일관하던 비난도 멈추게 된다.

버림받거나 사로잡히는 것에 대한 두려움을 극복하는 법
때로 우리는 어느 한쪽, 혹은 양쪽의 두려움을 모두 자극하는 관계를 선택하거나 때로는 이런 두려움을 잠재워주는 관계를 선택하기도 한다. 지각이 있는 어른은 왜 그/그녀가 나와의 관계를 원하는지 그 동기를 찬찬히 짚어보고 나서 비로소 그들을 받아들인다.

두려움이 발동하면 우리는 이를 완전히 극복할 기회를 얻을 수도 있고 상대방을 원망하면서 오히려 더욱 두려움 안으로 침잠해 들어갈 수도 있다.

버려지는 것에 대한 두려움 '매달리는 사람'	사로잡히는 것에 대한 두려움 '거리를 두는 사람'
혼자가 되는 것에 대한 두려움이다.	가까워지는 것에 대한 두려움이다.
상대방에게 사적인 공간이 필요할 때에도 쉽게 물러서 있지 못한다.	상대방이 확신을 원할 때에도 쉽게 관계에 대한 약속을 하지 못한다.
떨어져 있는 것을 참지 못하고 집착한다.	아무리 거리를 두어도 모자란 것처럼 느낀다.
도가 지나치게 배려하고 받아주고 묵인한다.	상대방의 관심을 당연한 것으로 생각하거나 그런 관심에 숨 막혀 한다.
기꺼이 자신의 모든 것을 공유한다.	자신의 비밀스러운 생활을 유지하고 상대방이 그에 대한 질문을 하면 화를 낸다.
자기 자신보다 상대방을 더 챙긴다.	상대방에게는 아무것도 주지 않으면서 일방적으로 보호를 받을 권리가 있다고 생각한다.
아무리 많은 것을 주어도 모자라다고 생각한다.	주고받는 것을 의무를 강요하는 것이라고 생각한다.
상대방의 일정이나 시간표에 맞춘다.	통제권과 결정권은 오직 자신에게 있다고 주장한다.
경계가 허술하고 학대나 불행, 배신을 참고 견딘다.	엄격한 경계를 유지하고 학대나 불성실, 결함을 절대로 용인하지 않는다.
상대방에게 중독되어 끊임없이 더 많은 것을 주려고 한다.	상대방을 유혹해놓고는 곁을 주지 않는다.
끊임없이 되풀이해서 애정을 확인하고 싶어 한다.	애정을 확인하고 싶어 하면 당황하거나 화를 낸다.
상대방 열의가 넘칠수록 힘이 난다.	상대방이 열의에 넘치는 모습을 보면 위협을 느끼거나 짜증을 낸다.
섹스를 사랑의 증거라고 생각하고 이를 관계의 안정감을 사는 수단으로 이용한다.	섹스로 친밀감을 대신하거나 때로는 상대방을 조종하기 위해 섹스를 거부한다.

버려지는 것에 대한 두려움 '매달리는 사람'	사로잡히는 것에 대한 두려움 '거리를 두는 사람'
상대방을 기쁘게 해주기 위해 자신의 성적性的 경계를 포기하고 일방적으로 당하는 것에 대해서도 무방비 상태가 된다.	성적性的으로 거리를 두거나 냉담하게 대하는 것으로 자신의 독립을 유지하거나 자신의 약점에 대한 보호책으로 사용한다.
상대방이 신실한 동반자가 되기를 요구한다. '늘 내 곁에 있어줘.'	상대방에게 '내가 왔다 갔다 하는 동안에도 그 자리에 그대로 있어줄 것'을 요구한다. '날 그냥 내버려둬.'
친밀감과 연대감을 추구한다.	친밀감을 제외한 연대감을 추구한다.
상대방이 눈앞에 없으면 어쩔 줄 몰라 한다.	함께 있는 시간이 예상보다 길어지면 불안해진다.
상황을 버틸 수 있는 핑계를 만들어 합리화를 한다.	감정을 논리로 대체시켜서 이성적으로 대처한다.
두려움을 내보이고 분노는 숨긴다.	분노를 내보이고 두려움은 숨긴다.
언제나 저자세로 눈치를 본다.	적대적으로 행동하고, 소란을 일으키고, 거리를 두기 위해 일부러 싸움을 건다.
상대방이 왔다 갔다 하는 것에 스트레스를 받는다.	주고받는 것에 스트레스를 받는다.
욕구가 결핍이 되도록 만든다.	욕구를 기대로 만든다.
늘 먼저 손을 내밀지만 그것은 사랑이 아니라 두렵기 때문이다.	늘 냉정하게 대해서 사랑이 없는 것처럼 보이지만 실은 두렵기 때문이다.
떠나는 쪽이 될 가능성이 높다!	상대방이 떠나고 난 뒤 버림을 받은 것처럼 느끼는 쪽이 될 가능성이 높다!

• 왼쪽은 의존적 관계와 경계 성향, 오른쪽은 자아도취적 성향을 나타낸다.

반대로 두려움이 가라앉고 나면 우리는 충분히 안전하다고 느끼면서 위험을 감수하고라도 마음을 열거나 상대방이 우리를 보호하는 방어막이 되어줄 거라고 기대하면서 현실에 안주할 수도 있다.

변화를 향해 작지만 두려운 발걸음을 기꺼이 내디딜 때 비로소 관계는 건강한 방향으로 나아갈 수 있다:

• 당신의 어떤 행동이 자신이나 상대방에게 문제를 일으키는지 살피라. 다음과 같은 핑계들을 꿰뚫어보아라: '난 원래 이런 사람이야!' 혹은 '그렇지만 내가 옳아.' 관계를 어렵게 만드는 모든 행동이나 태도 뒤에는 두려움이나 고통이 숨어 있다. 당신이 반드시 알아야 할 것은 지금 이대로 내버려 두면 이 관계는 절대로 잘될 리가 없다는 것이다. 이유를 갖다 붙이거나 상대방을 비난하거나 자신을 정당화하는 것을 멈추고 변화가 필요하다는 것을 인정하라. 이렇게 인정하는 것 자체에 치유의 힘이 있다. 인정을 해야 비로소 진실을 돌아보게 되기 때문이다.

• 하나의, 혹은 그 이상의 관계에서 가장 빈번하게 나타났던 두려움이 무엇인지 알게 되었다면 장래의, 혹은 새로 사귄 연인에게 솔직하게 털어놓아라. '나도 당신과 가까워지고 싶기는 한데 섹스 외에 지나친 스킨십은 좀 불편해.' '나는 당신이

친구들과 많은 시간을 보내는 사람이라는 걸 잘 알지만 그 때문에 난 버림받은 느낌이 들 거야. 당신이 아무리 사랑한다고 맹세를 해도 말이지. 내가 그런 걸 쉽게 느끼는 편이거든.'

당신은 상대방을 잃을까 봐 무서워서 자신의 문제점에 대해 이야기하는 것이 내키지 않을 수도 있다. 그렇지만 이런 두려움조차 터놓고 말해버려라. 그러면 다음의 두 가지가 따라올 것이다. 첫째, 상실에 대한 두려움에도 불구하고 마음을 열고 진실성을 드러냈기에 자존감이 올라갈 것이고, 둘째, 상대방이 나와의 관계에 대해 어떤 생각을 하고 있는지, 어느 정도로 진심인지를 알게 될 것이다.

• 친밀감에 대한 두려움은 로맨틱한 단계가 지나고 나서 수면 위로 떠오르는 경향이 있다. 버림받거나 사로잡히는 문제는 새로운 종류의 부정적인 흥분, 즉 두려움과 스릴을 동시에 일으킨다. 아드레날린이 솟구치는 느낌은 중독이 될 수 있고 오히려 두려움을 각성시키는 행동으로 이어진다. 당신이 무슨 짓을 하고 있는지 자각하든 하지 못하든 이 점은 인정해야 한다. 상황을 만들어낸 요인들 중 자신의 무의식적인 선택까지 책임을 질 때 그로부터 완전히 자유로워질 수 있다.

• 만일 '버려지는 것'이 두렵다면 상대방에게 솔직하게 인정하라. 그리고 그/그녀에게 매일 당신이 참아낼 수 있는 한계치

보다 1인치씩 더 거리를 두어달라고 부탁하고 당신이 무사히 견뎌낼 수 있다는 것을 스스로 확인하라. 그저 안심시키기 위한 말과 행동은 두려움을 더욱 강하게 만들 뿐이다. 그/그녀에게 당신 곁에 늘 있을 거라고, 혹은 사랑한다고 말해서 자신을 안심시켜달라고 부탁하지 말라. 그러면서 두려워하는 일을 한 가지 더 극복하고, 두려운 날을 하루 더 이겨내어라. 집착하고 싶은 마음을 1분씩만 참아라. 이것이 독립심과 손에 쥔 것을 놓을 수 있는 힘을 키워줄 것이다.

• 만일 '사로잡히는 것'이 두렵다면 상대방에게 솔직하게 인정하라. 그리고 그/그녀에게 매일 당신이 참아낼 수 있는 한계치보다 1인치씩 더 가까이 다가와 달라고 부탁하고 당신이 무사히 견뎌낼 수 있다는 것을 (혹은 심지어 즐길 수도 있다는 것을) 스스로 확인하라. 그러면 당신은 상대방의 곁에 계속 머무를 수 있는 힘을 얻게 될 것이다. 당신이 처음으로 허용한 그 1인치가 백 퍼센트의 진보라는 것을 기억하라!

• 관계에 있어 모든 것을 자신이 통제하고 자신이 결정하고 싶은 강한 욕구를 느낀다면 사소한 결정을 내려야 할 때 상대방과 번갈아가며 해보라. 그리고 큰 결정을 내릴 때에는 어떤 것이든 두 사람 모두 원하는 것을 얻을 수 있는 방향으로 협상하라.

• 사로잡히는 것에 대한 두려움은 친밀감이 당신에게서 무언가를 빼앗아 간다고 믿기 때문이다. 자신을 잃을까 봐 두려워하는 것을 극복하려면 역설적으로 자신을 자유롭게 내주어야 한다. 자신이 상처받기 쉬운 존재라는 것을 인정하고 감정을 표현하라. 손에 쥐고 있는 것을 놓는다고 해서 그것을 잃는 것이 아니다.

버림받는 것에 대한 두려움은 혼자 남겨지는 것에 대한 공포이다. 이것은 자기를 잃는 것에 대한 두려움이 아니라 자기 직시self-confrontation를 통해 자기를 아는 것에 대한 두려움이다. 매일 나만의 시간을 가져보라. 당신이 두려워하는 그것을 스스로 해보라는 말이다. 이 자기모순적인 반전은 점차 혼자 있는 시간을 즐기도록 만들어줄 것이다.

두려움은 우리가 희생자라는 생각을 먹고 자라기에 오직 우리 자신의 선택만이 그 손아귀로부터 우리를 해방시켜 줄 수 있다. 융은 역설의 치유력을 이렇게 표현했다. "만일 떨어지는 것이 두렵다면 유일하게 안전한 방법은 일부러 뛰어내리는 것이다."

• 우리의 진정한 두려움은 버려지는 것도 사로잡히는 것도 아니다. 두려움에 직면했을 때 아무것도 할 수 없다는 것이 진짜 두려운 것이다. 그러나 자기확신에 찬 행동을 취할 때마다 자신의 힘이 점점 커지는 것을 느끼면서 우리는 상대방이 지나

치게 가까이 다가오거나 지나치게 멀어질 때 스스로를 보호할 수 있는 본연의 능력을 믿게 된다. 이런 자기주장의 기술은 일상적인 상호작용 속에서 우리 마음 깊이 내재된 반사적인 두려움을 완화시켜준다.

친밀감을 쌓는 실제적 기술

비밀의 상자의 뚜껑을 열어라

어두운 과거를 가진 내면의 아이는 이중인격을 가지고 있다. 한쪽은 과거를 극복하고 싶어 하고 다른 한쪽은 과거를 반복하고 싶어 한다. 우리는 의식적으로 온 마음을 다해 건강한 관계를 원하지만 우리 안에 무의식적인 또 다른 힘이 작용하여 버림받고 절망한 경험을 재현하고 되풀이하고 있는 것이다. 상대방과 가까워지기 위한 일련의 시도에서 파생된 고통이 비밀의 상자를 들춰내고 그 뚜껑이 열리면서 관계를 지속시키고자 하는 우리의 노력을 물거품으로 만들어버린다.

그 비밀의 상자 속에는 다음과 같은 행동들이 숨어 있다 :
- 오직 자신의 자아도취적 욕구를 풀어줄 상대방만을 찾는다.
- 가까워지는 것이 불가능한 상대와 가까워지려고 애쓴다.
- 가까워질 가능성이 있는 사람들에게서 흠이나 '절대로 극복할 수 없는' 장애를 찾아낸다. 진짜로 가까워지는 것이 무섭기 때문이다.

- 자신의 환상과 정확하게 맞아떨어지는 사람이 아니면 안 된다고 고집을 부린다.
- 갈등이 생기면 관계를 깨거나 도망을 친다.

이 사람에서 저 사람으로 상대를 바꿔보지만 그때마다 만족도는 더 떨어지고 의욕도 없어진다. 욕구불만이 늘어나거나 실망이 커지거나 둘 중의 하나다.

우리가 이 파괴적인 비밀의 상자를 버리고 진정한 친밀감을 원할 때 다음과 같이 행동하게 된다 :
- 일방적인 것이 아니라 서로 주고받을 수 있는 관계를 원한다.
- 가까워지면 안 되는 사람에게 매력을 느낄 수도 있지만 그것은 그저 한때의 느낌일 뿐이라고 생각하고 행동을 취하지는 않는다. 판단에 따른 합리적인 선택으로 미래가 없는 관계에서 한 걸음 물러난다.
- 가까워질 가능성이 있는 사람, 그리고 관계에서 내가 상대방에게 원하는 것에 가장 근사치를 가지고 있는 사람에게 끌린다.
- 관계 속에 갈등이나 장애가 생기더라도 상대방이 나와 한마음인 한 이를 극복하기 위해 모든 노력을 기울인다.

무엇을 말하고 추구하고 찾아내고 버릴 것인가가 아니라 마음을 다한 헌신이야말로 관계를 제대로 이끌어 나가기 위한 최선의 방법이요, 우리에게 주어진 진정한 과제이다. 도망치지 않고 헤쳐 나갈 수 있는 문제들을 해결하기 위해 노력하는 것은 실패를 거듭하는 버릇을 고쳐준다. 일련의 장애들을 뛰어넘고 서로의 합의를 존중하는 것은 헌신을 위한 준비가 되었고 헌신을 할 만한 힘을 갖추었다는 것을 보여주는 가장 좋은 신호이다.

삶의 다른 영역에서와 마찬가지로 어른은 관계를 맺으면서 다음과 같은 것들을 깨닫는다 :

• 이 관계는 내가 진심으로 원하는 것이다.

• 내가 반복해서 헛된 노력을 쏟아붓고 있는 이 관계는 내가 원하는 것이 아니다.

• 이 관계는 내가 선택한 것이다.

• 친밀감을 갈망하며 필사적으로 가까워지려는 노력을 멈추지 않던 그/그녀가 사실은 그로부터 달아나고 있었다니 이보다 더 용기를 꺾는 모순은 없을 것이다! 친밀감에 대한 두려움은 이런 가면을 뒤집어쓰고 있을 수도 있다. 한 번만이라도 도망을 치지 않고 관계를 지키기 위해 노력한다면 우리는 그 가면을 벗고 새로운 파티에 갈 수도 있을 것이다.

감정을 처리하기

어떤 일에 대해 감정을 숨긴 채 이야기하는 것은 일종의 회피라고 볼 수 있다. 이것으로는 어떠한 변화도 생기지 않기 때문이다. 이야기란 우리의 진정한 감정이 무엇인지 알게 해줄 때 비로소 쓸모가 있는 것이다. 무슨 일이든 그로 인해 발생한 감정을 처리해야 그 일에 마침표를 찍고 계속해서 원만한 삶을 살아 나갈 수 있다. 이야기에서 출발해서 이런 일련의 과정을 거치고 나면 보다 높은 단계의 새로운 합일을 이루게 된다.

어떤 상황이나 사건으로 인해 나, 혹은 상대방과 나 모두 강한 영향을 받았을 때 그로 인해 생겨나는 감정을 처리하는 데 도움이 될 만한 방법들을 알아보자 :

• 근원적인 감정이 무엇인지 찾아내고 그 정체를 규명하라. 객관적이고 통찰력이 있는, 당신이 믿을 수 있는 누군가에게 솔직하게 털어놓고 의논하는 것도 한 방법이다. 일단 당신이 그 감정이 뭔지 안다면 그 근원이 무엇인지도 알아낼 수 있을 것이다. 과연 그것은 오롯이 현재의 문제에서만 나온 것인가, 아니면 어린 시절이나 오래된 경험에서 생긴 과거의 고통을 다시 일깨운 것인가?

그 감정이 무엇인지 찾아내고 그 근원을 이해한 후에야 상대방에게 효과적으로 표현할 수 있다. 이제 당신은 진짜 당신이 느끼는 것이 무엇인지 알고, 그것이 개인적인 것인지 혹은 과거로부터 온 것인지 알고, 그것이 혹시 상대방 때문에 생긴 감정인지, 그렇다면 상대방에게 무엇을 요청해야 하는지도 안다.

당신이 현실을 있는 그대로 보고 있는 것인지, 아니면 당신이 바라는 대로 마음속에 그려놓은 그림처럼 세상을 보고 있는 것은 아닌지 자기 자신과 다른 사람에게 지속적으로 확인하라. 이런 마음속의 이미지들은 매우 교묘해서 끊임없이 우리를 미혹시킨다. 현실에서 발을 떼지 못하도록 부단히 스스로를 바로잡는 일에는 노력이 필요하다.

• 상대방에게 말로, 혹은 언어 이외의 수단(몸짓, 목소리와 얼굴 표정의 변화, 눈물 등)으로 당신의 감정을 표현하라.

• 그/그녀에게 당신의 감정을 알아채고, 이해하고, ('듣는다'는 행위의 진정한 구성 요소인) 관심을 보여달라고 부탁하라. 그/그녀가 감정을 자극하는 데 한몫을 담당했다는 사실을 인정할 것을 요구하라. 당신은 희생자가 아니라 책임감 있는 어른이기에 그/그녀가 그런 감정을 일으킨 전적인 원인이라고 할 수는 없고 감정의 발생에 대한 공동 책임을 지는 것이다.

'악감정'이란 오래된 감정들이 석회화된 것으로 누군가 건드릴 때마다 새로운 상처가 생겨난다. 이 낡은 고통의 우물을 없애고 부드럽고 상처받기 쉬운 속내를 자유롭게 드러내면 표리表裏의 일치를 가져오고 타인으로부터 애정 어린 반응을 이끌어낼 수 있다.

이 시점에서 당신은 그 감정이 현재의 것인지, 아니면 과거의 상처로부터 온 것인지 가장 명확하게 말할 수 있다. 만일 그것이 진짜로 현재의 문제라면 상대의 반응이 어떻든 감정을 표현한 것만으로도 기분이 한결 좋아질 것이다. 이 모든 상황을 그저 있는 그대로 받아들이고 시정과 변화를 요청하되 고집스럽게 따지지는 말자. 그 결과가 무엇이든 당신은 이제 그 감정을 쉽게 내려놓을 수 있게 된다.

만일 그것이 과거의 상처에서 비롯된 것이라면 이야기를 만들어내고, 시시비비를 따져 묻고, 비난을 하고, 말도 안 되는 요구를 하며 드라마 같은 상황에 빠져들게 될지도 모른다. 이런 당신의 반응은 상대방을 방어적으로 만들어서 의사소통이 어려워지고, 결국 아무것도 시원하게 해결된 것 없이 미적지근하게 상황이 끝나고 만다. 결과적으로 감정의 짐을 내려놓지도 못하면서 더 큰 상처만 받고 마는 것이다! 이런 경우에는 상황을 객관적으로 판단해주는 친구나 상담치료사를 찾아가 과거의 고통에서 벗어나려고 노력하라. 어른이라면 완전한 종지부를 찍기 위해 자신이 진정으로 해결해야 할 일이 무엇인지 찾아내고 싶을 것이다.

심리적 통합은 마음속에서 생겨난 것들에 대한 성실한 믿음에 있다. 의식의 세계로 넘어온 문제로부터 도망치지 않고, 그것이 충분히 무르익을 때까지 그대로 내버려 두거나 적극적으로 해결하기 위해 노력하는 동안 마음속에서 무언가 끊임없이 움직이고 있다는 것을 자각하라. 문제란 것은 당신이 지속적인 관심을 가져주어야 저만의 생명력을 갖고, 뭔가 해결이 되거나 변화가 일어났을 때에 비로소 사라진다. 무언가를 마무리 짓는 이런 경험이 자진해서 이런 일을 '계속하게' 만든다.

감정을 담아두기

감정은 표현하는 동시에 마음에 담아두어야 하는 것이다. 어른은 감정을 보여주되 그것을 자기 파괴나 타인에게 상처를 주는 구실로 삼지 않는다. 누군가 당신에게 상처를 주거나 화를 내거나 당신을 떠났을 때 그 고통을 그대로 느끼고 드러내되 그 감정에 따라 행동하지는 말라. 감정을 낱낱이 표현하되 그에 사로잡히지는 말라. 군이 확인하려고 들거나 복수의 기회를 노리거나 결과를 조작하거나 바꾸려고 하지 말라. 감정을 가슴에 담아두고 그에 대한 책임을 온전히 짊어져야 한다. 다른 누군가가 나에게 고통을 초래했다고 해도 스스로를 보호하는 것은 순전히 내 손에 달린 일이다.

- 당신이 보기에 정당하든 그렇지 않든 그/그녀의 행동이나 결정을 있는 그대로 받아들이라.
- 자존감을 황폐화시킬 정도로 감정에 사로잡히지 말고 단지 그 고통만을 예민하게 느껴라. 감정을 느끼되 감정에 휘둘려 행동하지 않는 것은 자존감의 중심을 보존하면서 경험을 충

실하게 받아들이는 방법이다. '나는 비록 이 현실이 마음에 들지는 않지만 현실로서 인정하겠어. 더 나빠질 수도 있고 더 좋아질 수도 있겠지.'

• 지금의 이 고통스러운 사건이 어린 시절의 비슷한 경험을 떠올리게 한다는 것을 인정하라. 배신과 유기, 거절에 대한 오래된 감정이 되살아나는 것이다. 현재 우리가 느끼는 격렬한 감정은 애도하지 않고 지나쳐버린 상처들이 어디에 있는지를 보여준다. 따라서 지금 이 순간의 감정에 따라 행동하는 것은 과거와 현재를 혼동하는 것이다. 현재의 감정은 과거의 재현이므로 우리에게 필요한 것은 현재의 행동이 아니라 과거와 현재의 고통을 나란히 떠나보낼 수 있는 감정의 표현이다.

모든 관계는 어느 정도의 상처를 동반한다. 상대방 때문에 마음이 상한 뒤에 분노나 복수에 대한 열망에 매달릴 수도 있지만 계속 불만에 휩싸여 있으면 서로 간에 약속이 필요한 어떤 관계도·맺지 못하게 된다. 만일 원한을 무사히 극복하고 벗어난다면 그 원한은 새로운 사랑으로 가는 길잡이가 되어줄 것이다. 그러나 원한에 사로잡혀 복수하려고 하거나 복수심을 계속 품고 있거나 심지어 그 이후로도 원한을 무기로 사용하려 한다면 그것은 사랑을 가로막는 걸림돌이 될 뿐이다.

복수에 대한 욕구를 놓아버리는 것은 그 어떤 복수보다도 더 확실하게 고통을 덜어준다. 그것은 이제 당신의 삶이 무조건적인 사랑의 길로 들어섰다는 뜻이기 때문이다. 아픔은 모두 해결되었고 더 이상 오래된 상처를 자극하며 계속해서 헤집어 놓지 못하게 된다.

모든 어른의 관계는 서로에게 헌신하는 진정한 사랑이 되기 전에 갈등을 필요로 한다. 갈등을 헤쳐 나가면서 상대방에 대한 이상적인 망상과 상대방이 자신의 기대에 부응해야 한다는 억지들을 하나씩 버리게 되는 것이다. 갈등은 상대방 위에 드리운 가식들을 말끔하게 치워주고 상대방의 실제 모습을 보다 완벽하게 드러내준다. 나의 모든 욕구를 충족시켜주지도 못하고 내가 원하는 이상에도 못 미치는 그/그녀이지만 나의 사랑은 변함이 없다는 것을 깨닫는다. 이것이 현실에 발을 디디고 서로를 자유롭게 만들어주는 무조건적인 사랑이며 이를 통해서만 진정한 관계가 꽃을 피울 수 있다.

건강한 어른은 누구나 마음의 상처를 입을 수 있고, 늘 있는 일이며, 의식적으로 괴롭고 싶은 사람은 아무도 없다는 것을 잘 안다. 그리고 상처로부터 숨는 것이 아니라 상처를 치유할 방법을 찾는다. '죽음을 통한 삶'이라는 신화나 종교의 주제는 완전하고 고유한 정체성을 찾는 데 있어 고통의 필요성과 가치를 강조하고 있다. 우리가 여기까지 오기 위해서, 이런 빛을 내기 위해서 겪어야 했던 모든 고통은 어떻게든 필요한 것이었다. "위대한 해방을 위해서는 그만한 악과 고통이 뒤따라야 한다."고 니체는 강력한 어조로 우리를 일깨웠다.

건강한 관계가 진전될수록 마음의 상처는 치유되고 최소한으로 줄어든다. 그러나 관계가 지속될수록 상처를 입는 일이 잦아지고 그 상처가 극복하기 힘들 만큼 깊다면 그것은 학대가 된다. 학대는 성장이 아니라 낮은 자존감과 상쇄하기 힘든 고통을 불러온다. 성숙한 어른은 이와 같은 관계를 피하고 총알 피해 보다 안전한 곳으로 이동하는 쪽을 택한다.

피드백

그/그녀의 행동이 당신에게 어떤 영향을 미치는지를 상대방이 똑바로 알게 하라. (병원에 누워 있는 신세가 아닌 한) 그 어떤 어른도 정직한 피드백을 감당하지 못할 만큼 약하지 않다. 비난받아 마땅한 어른은 없지만 그 누구라도 책임 추궁을 당할 수는 있다. 자신의 감정을 감추는 것은 문제에 정면으로 맞서는 것을 회피하는 교묘한 방법이다. 그것은 곧 그 문제가 두 사람 모두에게 얼마나 용납하기 힘든 것인지를 적나라하게 보여주는 것이다. 혼자 참다 보면 스스로 자멸의 길을 초래하거나 학대적인 행동이 계속될 수 있다. 희망은 그저 시간을 끄는 일일 뿐이다. 참고 인내하며 바라는 것은 오로지 두 사람 모두 진지하게 변화를 약속하고 지속적으로 실천해 나갈 때에만 의미가 있다.

상대방이 옳다는 인정

상대방이 옳다고 인정해주어라. 이는 감정의 문제나 상대방이 당신을 어떻게 생각하는지에 적용되는 것이지 경제적 판단이나 삶/죽음, 혹은 학대, 중독, 위험한 결과를 초래할 수 있는 의견 등은 예외다. 역설적으로 당신이 그/그녀의 직관이 옳다고 인정해줄 때 그 사람은 당신에게 더욱 마음을 열게 된다. 그리고 당신 역시 경쟁심이나 극단적인 반대, 적대적으로 거리를 두는 것을 그만두게 된다.

상대방이 옳다고 인정해주고 나니 거꾸로 당신이 옳지 않다고 느껴진다면 그것은 무언가 잘못된 것이다. 상대방이 옳다고 인정해줄 수 있는 것은 옳고 그름이 그리 중요한 문제가 아니기 때문이다. 옳아야 한다는 욕구는 두려움에 근거를 둔 집착의 한 형태다. 상대방이 옳다고 인정해주면 두 사람 모두 긴장을 풀고 느긋해질 수 있다. 두려움은 느슨해지고 유머 감각이 살아나며 서로 간의 신뢰 역시 높아진다.

일단 누가 옳고 그른지에 초점을 두지 않으면 당신은 상대방에게 진정으로 귀를 기울일 수 있게 된다. 그/그녀의 감정을 인정하고 이제까지 당신이 무책임했던 부분을 보상한다. 그리고 상대방이 당신에게 무책임할 때에도 이와 똑같은 인정과 보상을 요구할 수 있다. 누가 옳고 누가 틀렸는지는 이제 별로 중요하지 않다. 신경증적 자아의 자만은 새로운 겸손으로 대체된다.

받을 것이 있다는 생각

상대방이 당신을 속이고 있다거나 상대방이 당신에게 신세를 지고 있다는 생각이 내면에 깔려 있으면 상대방에게서 무언가를 부당하게 취하게 되거나 무언가를 내주는 데 인색해진다. 세일이나 할인을 기다리는 심리는 내가 무언가 받을 것이 있다고 믿는다는 신호이다. 여기에서 벗어나는 길은 당신에게 신세를 지고 있다는 생각이 드는 사람에게 기꺼이 내어주고 그 사람에게서 무언가를 부당하게 취하는 일을 그만두는 것이다.

빚을 지고 있다는 생각

상대방의 신세를 지고 있다는 생각이 내면에 깔려 있으면 당신은 사람들을 기쁘게 해주려고 애쓰거나, 지나치게 인심을 쓰거나, 관계에 있어 늘 '덜 받는 쪽'을 선택하게 된다. 상대방에게서 무언가를 받는 것을 신세를 지는 것이라고 생각할 수 있다. 그리고 다른 사람들의 애정이란 돈과 노력을 들이지 않고는 얻을 수 없는 것이기에 그만한 대가를 치러야 한다고 믿을 수도 있다.(그 값은 언제나 자기 스스로 정하는 것이다.) 이런 생각을 극복하고 싶다면 당신이 신세를 지고 있다고 생각하는 사람에게 답례를 하지 않아도 되는 조건 없는 선물을 달라고 청해보라.

연민

우리는 주지 못하는 사람은 인색한 사람이고, 받는 것은 거의 없으면서 계속 퍼주기만 하는 사람은 헤픈 사람, 아무 데나 끼어들어 남을 통제하려는 사람은 남을 조종하려는 사람이라고 생각한다. 그리고 목소리를 높여 말하는 것을 두려워하거나 학대를 묵인하는 사람은 겁쟁이거나 수동적인 사람이라고 생각한다. 누군가 자기를 안거나 만지는 것을 두려워하는 사람은 차가운 사람이라고 생각하고, 지나치게 자기도취에 빠져서 도무지 상대방에게 집중하지 못하는 그/그녀는 이기적인 사람이라고 생각한다.

우리 안의 연약한 부분과 연관 지어보면 새로운 측면을 깨닫게 된다. 이런 부정적인 성질들이 사실은 '고통'의 한 형태인 것이다. 가까워지는 것을 두려워하고 싶은 사람은 아무도 없다. 그런 두려움을 갖는 것 자체가 상처가 된다. 남을 통제하려는 사람은 심한 스트레스를 받고, 그런 태도 때문에 다른 사람들의 사랑을 받지 못한다는 사실을 자각하며 괴로워한다. 우리는 이러한 행동들이 미치는 영향에 단호하게 대처해야 한다. 상대방의 행동에 대해 자신이 느끼는 감정과 불안을 이야기하고 변화할 것을 요구한다. 그와 동시에 속내를 감추고 있는 상대방의 집착 뒤에 방치된 고통이 있다는 사실을 깨닫고 연민을 느낀다. 타인에게 연민을 느낀다고 해서 자신을 보호하지 못하게 되는 것은 아니다. 오히려 고통을 더욱 민감하게 느낄 수 있다. 의식이 깨어 있을수록 우리가 비난하는 타인의 행동 뒤에 숨은 미묘한 고통과 두려움들을 더 많이 알아차릴 수 있게 된다. 나르키소스는 여인 하나를 감당하는 것조차 너무나 벅찬 일이었지만 알렉산더는 이 세계 전체로도 부족했다. "오로지 마음의 눈으로만 올바로 볼 수 있다."(『어린 왕자』)

정신적인 연민은 관계에 있어서 우리를 더욱 관대하게 만들어준다. 강력한 기능적 자아가 가동되고 있을 때 우리의 온전성은 타인에게 공정하게 행동하게 하고, 지혜와 자아가 통합될 때 관대함은 공정함조차 초월하여 세상을 보게 한다. 두 사람이 서로에게 늘 공정하다면 화합을 이루게 될 것이고, 최소한 한 사람이라도 관대하다면 사랑이 싹트게 될 것이다.

어른의 관계는 비계층적이지만 언제나 공평한 것은 아니다. 이는 두 사람이 똑같은 자유나 한계를 갖는 것은 아니라는 말이다. 예를 들면 다음과 같다. '내가 밖에서 친밀한 관계를 맺는다면 그게 성적인 관계가 아니라고 해도 당신은 무척이나 괴롭겠지. 나는 당신이 밖에서 누구를 만나든 전혀 아무렇지도 않은데 말이야. 공평하게 하려면 우리 둘 다 이 부분에 있어서 똑같은 자유를 가져야 하겠지만 당신에 대한 연민의 마음으로 나는 나의 권리를 포기하겠어. 당신이 많이 아파할 걸 뻔히 아니까. 당신에게도 똑같이 해달라고 하지는 않을게. 당신도 나에 대한 연민으로 상담 치료를 받으면서 두려움과 질투를 극복하겠다고 약속했잖아. 당신이 좋아지고 나면 나도 당신에게 아픔을 주지 않으면서 다른 사람들과 관계를 맺을 수 있게 되겠지.' '이중적인 잣대'라는 것은 도덕적인 문제에 관련된 것이지

의식적으로 연민을 갖는 관계에 적용되는 것이 아니다.

타임아웃

어린 시절에 우리는 마음껏 누군가에게 매달려도, 통제 불능이 되어도, 말도 안 되는 짜증을 부려도, 비현실적이 되어도 괜찮았다. 현명한 부모는 이런 행동에 한계선을 그을 줄 안다. 건강한 어른이라면 가끔 이런 친숙한 어린 시절로 돌아가 자신을 자유롭게 풀어줄 필요가 있다. 우리 내면의 부모는 시간과 장소, 책임의 한계선을 분명하게 정해놓고 그 안에서 마음껏 행동하도록 허락한다.

어떤 커플은 주말 여행을 가서 1분도 떨어져 있지 않고 실컷 붙어 있기로 결정할 수도 있고, 또 어떤 커플은 서로 잠시 연락을 끊고 각자만의 시간을 갖기를 원할 수도 있다. 이런 상황은 계획에 의한 것이거나 즉흥적인 것일 수도 있지만 언제나 시간의 제약을 두고 상호 협의하에 의식적으로 이루어져야 한다. 이런 방법으로 우리는 어른으로서의 일상을 존중하면서 안전하게 휴식을 취할 수 있게 된다.

우리들은 저마다 모든 인간적 가능성의 정반대되는 측면들을 가지고 있다. 분별력 있고 현실적이고 균형감이 있고 두려움이 없는 사람이 되기 위해서는 때로 그 반대의 것을 경험해 볼 필요가 있다. '타임아웃'은 이에 대한 창의적인 보상을 제공한다. 시간을 정해놓은 이런 일탈은 우리가 가진 못난 면에 대한 두려움을 공개적으로 가지고 노는 것이다. 책략가 율리시스가 안전하게 항해를 방해하지 않으면서 사이렌의 노래를 즐겼던 것처럼 진실을 존중하면서도 가끔은 재미를 위해 진실을 슬쩍 비켜나 보자.

결정

참으로 모순되는 얘기지만 사랑에 있어서 생각은 혼란을 가중시킬 뿐이다. 가장 좋은 방법은 다음과 같은 것들에 주의를 기울이는 것이다.
- 당신의 몸은 무엇을 느끼는가.
- 당신은 어떤 행동을 하는가.
- 당신의 직관은 계속해서 무엇을 가리키고 있는가.

위에 열거한 것들을 의식하는 순간 자동적으로 깨달음이 온다. 노력은 혼란을 부채질할 수도 있다. 속임수를 쓸 수 없는 자신의 일부분, 즉 몸, 행동, 내적인 지혜에 관심을 기울일 때 이제 어떻게 해야 좋을지 방법이 떠오른다. 서두르지 않고 이 세 가지 범주에 일치되는 결정을 내릴 때 옳은 판단을 했다는 느낌이 들 것이다.

지혜로운 결정은 어느 한쪽을 완전히 배제하지 않는다. 이쪽저쪽 중 어느 하나가 아니라 양쪽 모두를 아우른다. 이것이 위험을 피한다기보다 위험을 떠안는 결정, 힘이 있지만 타인을 통제하지 않는 결정, 내가 원하는 것을 요구하지만 타인의 바람도 존중하는 결정, 과거의 노예가 되지 않으면서 살아온 삶의 이력을 인정하는 결정이다.

어떤 진지한 결정을 내리기 전에 한 달에서 여섯 달 정도 자신이 계속 그것을 원하는지 시험해보라. '결혼 날짜를 정하기 전에 적어도 반 년 동안 시간을 두고 내가 당신과 결혼하고 싶은 마음에 변함이 없는지 지켜보고 싶어.'

이전의 상대에게 되돌아갈지 말지 마음을 정할 수 없을 때에도 똑같이 해보라. 기우는 마음을 부인하거나 맞서 싸우는 대신 만일 당신이 여섯 달 동안 돌아가고 싶은 마음이 변하지 않는다면 재결합할 방법을 찾아보겠다고 다짐하라. 그러면 더이상 부담을 느끼지도 않을 것이고 자제심을 발휘할 필요도 없어진다. 그리고 마침내 시간의 시험을 통과하고 나면 경솔한 결정을 피했다는 안도감이 들게 될 것이다.

권태

바람이 없는 항구에 묶인 돛단배처럼 때로 관계가 어디로도 움직이지 못하고 정체해 있을 때가 있다. 그 어떤 즐거움도 없고, 그렇다고 특별한 문제가 있는 것도 아니고, 딱히 변해야 한다는 동기도 없다. '만약 그가 바람을 피우기라도 한다면 최소한 헤어질 이유라도 생길 텐데.' 그러나 그는 위기를 초래할 만한 그 어떤 행동도 하지 않는다. 그 누구도 탓할 사람이 없고 이 시시한 일상을 무너뜨려줄 사람도 없는, 그야말로 '어른다운' 궁지에 내몰리게 되는 것이다. 두 사람 모두 이렇게 사는 것 같지 않게 계속해서 '죽음이 우리를 갈라놓을 때까지' 살게 될 수도 있다.

'남녀 간의 교착상태'는 어떻게 하면 벗어날 수 있을까? 지루함에 대한 인내심이 더 낮은 쪽(즉, 기대치가 높은 쪽)이 먼저 행동에 나서게 된다. 그/그녀는 자신의 즐거움을 위해 뭔가 색다르고, 갑작스럽고, 놀랄 만한 무언가를 감행한다. 이를 계기로 두 사람은 관계가 교착 상태에 빠졌음을 알아채고 근본적인 변화를 시도하게 된다. 그 변화가 '더 나빠지는 방향인지 더 좋아지는 방향인지'는 중요하지 않다. 어느 쪽이든 돛단배는 찌는 듯이 무더운 항구에서 빠져나갈 수 있기 때문이다.

결별

힘든 관계에서는 여러 단계의 상실을 겪게 된다. 그 단계들은 저마다 실망을 안겨주고 환상을 깨뜨리고 애도를 필요로 한다. 다음은 이별까지 거치게 되는 상실의 단계들이다.

- 관계가 잘되리라는 확신이 사라지면서
  - 그래도 잘될 수 있지 않을까 하는 희망이 생겨나고,
  - 그 희망이 사라지면서
  - 관계를 잘되게 만들어보려는 투쟁을 하게 되고,

— 그 투쟁이 끝나고 나면

— 이 관계는 전혀 가망성이 없다는 깨달음이 온다.

진정으로 깨어 있는 관계라면 두 사람 모두 각 단계들이 끝나는 것을 인지하고 그에 수반되는 상실을 애도한다. 그러나 불행하게도 대부분의 관계에서는 이런 변화를 감지하지 못하고 애도하지도 않는다. 그 결과 관계가 끝났을 때 그간 방치되어온 슬픔이 한꺼번에 터져 나오게 되는 것이다. 지독한 원망과 몇 년이고 계속되는 자기 연민이 이를 가장 잘 드러내는 신호다.

성공적인 관계를 향해 갈 수 있는 기회를 놓칠 때마다 그 순간을 놓치지 말고 적절한 애도가 이루어져야 한다. 진정한 애도는 이혼으로 완전한 종지부를 찍고 나서가 아니라 로맨스가 끝나갈 때, 서로의 희망이 물거품으로 돌아갈 때마다 매 순간 새롭게 시작되어야 한다.

미처 알아채지 못한 탓에 제대로 해결하지도 못하고 적절한 이름조차 붙여주지 못한 애도는 관계의 파멸에 일조를 한다. 패배감, 비통함, 누군가를 비난하고 싶은 마음이 사랑의 결속을 갉아먹고 우울의 그림자가 덮쳐오지만 우리는 그 이유조차 알지 못한다.

서로가 함께 하는 애도 작업은 의식적으로 안전하게 감정을 나누는 것이므로 친밀감을 높여준다. 부드러운 연민 속에서 슬픔과 분노, 아픔 등을 경험할 때 관계는 성장한다. 슬픔과 사랑을 공존하게 하는 그 힘이 관계가 실패의 나락으로 떨어지는 것을 막아줄 것이다.

1장에서 설명했던 애도의 과정은 관계를 끝내는 데 있어서도 똑같이 적용된다. 힘든 관계일수록 애도에 요구되는 시간은 더 길어진다. 이것은 우리가 상대방뿐만 아니라 관계가 잘될지도 모른다는 희망까지 함께 떠나보내야 하기 때문이다.

상대가 내 곁을 떠나가면서 관계란 어떤 의미가 있는 것이며 얼마나 오래 지속될 수 있는 것인지에 대한 믿음마저 함께 송두리째 흔들리기에 이별이 더욱 힘들어진다. 우리는 그동안 관계를 유지하는 규칙들을 잘 조절해왔고 상대방도 이를 존중하거나 최소한 나와 유사한 목표를 가지고 있을 것이라고 생각했다. 그런데 이제 우리가 바라는 것은 더 이상 중요하지도 않을뿐더러 우리의 믿음 역시 잘못된 것이었다는 이중의 모욕을 참아내야 하게 된 것이다.

이별의 순간이 닥쳤을 때 우리는 모든 일들을 산뜻하게 해결하고 싶어 한다. 그러나 다시 한 번 말하지만 상황이 어떻게 흘러갈지는 우리의 통제권 밖의 일이다.

위기의 시간 동안 수면 부족과 식욕 저하는 흔히 일어난다. 규칙적으로 과하지 않게 먹고 자는 일은 스스로를 돌보는 기본이다. 또한 마약이나 술에 의존하지 않고 자신이 가장 좋아하는 일을 즐기면서 스트레스를 푸는 것도 중요하다. 자기 양육과 자기 보호는 상실감을 극복하는 최고의 방법이다.

스트레스는 우리의 생각을 흐리게 만들기에 이 기간 동안 재정이나 재산, 법적 문제, 이사 등에 대해 충동적인 결정을 내리는 것은 매우 위험하다. 생각은 마음대로 해도 되지만 행동은 긴 숙고의 시간을 가지면서 객관적인 친구로부터 사전에 피드백을 받고 난 뒤 하는 것이 좋다.

이별하고 나면 자동적으로 죄책감과 자기 의문에 빠져들게 된다. 당신은 자신이 매력이 없으며 다시는 또 다른 사랑을 할 수 없을 거라고 믿게 될 수도 있다. 이것은 당신에게 현실을 가르쳐주는 것이 아니라 당신이 얼마나 깊은 상처를 받았는지를 말해주는 것이다. 이런 슬픔으로 인한 두려움은 애도를 통해 상처를 극복하면서 서서히 없어진다. 이별과 슬픔을 겪는 과정에서 자신과 상대방에 대해 이제껏 몰랐던 놀라운 점이나 실망스러운 점들을 발견하기도 한다. 그리고 세상에 혼자뿐이라는 생각에 끔찍한 공허감이 찾아든다. 대부분의 사람들은 연애를 하는 동안 이 공허감과 맞부딪치는 것을 피하지만 더이상 거부하지 않고 그림자를 인정하고 나면 공허감이 그 입을 벌리고 달려드는 것이다.

애도 작업으로 감정의 카타르시스를 경험하고 나면 마침내 이 심연으로 가는 다리가 놓인다. 불완전한 자신을 인정하고 바로잡아야 할 것들을 바로잡고 나면 공허감의 심연은 있는 그대로의 나 자신을 진심으로 맞아들이고 새롭게 태어나게 해주는 널찍한 공간이 되어준다.

이혼이나 이별로 인해 당신이 오랫동안 방치해온 어머니, (그리고/혹은) 아버지 문제가 다시 수면으로 떠오르면서 부모 자식 간의 관계가 자신의 연애나 결혼 생활 속에서 어떤 식으로 재현되었는지 보게 될 수도 있다. 이 경우 어린 시절의 문제와 학대를 다시 찬찬히 되짚어보고 당신의 애도 작업에 포함시켜라.

한편으로는 망상적인 믿음이 생길지도 모른다. '그는 행복하지만 나는 아니야', '나는 지옥을 겪고 있는데 그녀는 무죄 방면이로군', '그는 모든 것이 다 잘되겠지만 나는 절대로 다시는 행복해지지 못할 거야.' 강박관념이나 자살 충동을 느끼는 것도 지극히 정상적인 일이다. 아이가 부모에게 지난밤에 꾼 악몽 이야기를 하고 또 하는 것처럼 자신의 이야기를 계속해서 반복하는 것 또한 아무런 문제가 되지 않는다. 여기에서 중요한 것은 감정에 휘둘려 행동하지 않는 것이다. 그리고 스스로를 해치거나 상대방에게 벌 주고 싶은 생각을 실행에 옮기지 않는 것이다. 그런 것들은 그냥 마음속에만 담아두어라.

가장 효과가 좋은 방법은 마치 노련한 여행자들이 아무것도 해치지 않고 아무 흔적도 뒤에 남기지 않은 채 숲을 통과하는 것처럼 모든 감정과 생각들이 당신을 지나쳐 가도록 내버려 두는 것이다. 비합리적이고 불편한 감정들을 애써 잊으려고 노력하거나 그 뜻을 해석하려고 하지 말고 중간에 그만두지도 말

라. 마이스터 에크하르트가 말했듯 "사는 방법은 오로지 하나 뿐, 장미처럼 '왜'냐고 묻지 않고 사는 것이다."

이별 뒤에 이전 연인과 성급하게 재회하는 것을 조심하라. 그/그녀에게 할 말이 있다는 생각은 그/그녀의 마음을 돌려놓거나 벌을 주거나 자기 자신을 정당화시키려는 교묘한 의도를 감추려는 핑계인지도 모른다. 당신은 그/그녀가 당신이 이전보다 얼마나 나아졌는지 봐주기를 바랄 수도 있고, 그/그녀가 새로운 상대를 만나는 실수를 저지르기 전에 그/그녀를 구제해주어야 한다고 믿을 수도 있다. 그러나 이런 생각들은 이별을 기정사실로 받아들이고 애도하는 것을 방해한다. 이전 연인과 만났을 때 당신은 격렬한 감정을 느끼게 될 것이다. 애도는 유기체적인 감정의 과정이므로 당신은 자연스럽게 그 감정에 젖어든다. 그러다 혼자 감당하기가 힘겨워지면 당신은 다시 상대방을 찾아 나서거나 상대방의 연락을 받아주게 된다. 그러므로 미리 멀찌감치 거리를 두는 것이 스스로를 보호하기 위해 더 나은 방법이다.

연인 사이의 결속은 이별로 인해 해체된 것이지 완전히 파괴된 것이 아니기에 이전 연인에게 여전히 사랑과 분노, 두려움을 느끼는 것은 자연스러운 일이다. 이 결속은 무조건적이며 배신이나 변화, 이혼으로 사라지는 것이 아니다. 진정한 애도 작업에서 우리는 결속이 아직 남아 있다는 것을 인정하지만 행동으로 옮길 수 있는 것은 없다. 이제 우리는 상대방에 대한 사랑을 가슴속에 묻어두어야만 한다. 더 이상 상대방에 대해 신경 쓸 필요가 없기 때문이다. 분노도 그저 삭히는 도리밖에 없다. 풀 곳이 없기 때문이다. 두려움도 온전히 묻어두어야 한다. 더 이상 두려움과의 대면을 피하기 위해 복잡한 작전을 짤 필요가 없기 때문이다. 특히 이전 연인이 당신에 대한 감정을 완전히 떨쳐버리고 더 이상 당신이나 당신의 매력에 반응을 보이지 않는 모습을 볼 때 고통은 극에 달한다. 자존심이 입은 이 타격은 당신의 마음속에 상대방을 통제하고 싶은 마음이나 환상, 욕구 등이 아직 남아 있음을 보여주는 것이다.

애도는 당신이 혼자가 되었을 때 그 삶의 열린 틈 속에서 가장 빛을 발한다. 새로운 사람과의 관계가 진전되는 동안에는 휴면상태에 있다가 관계가 끝났을 때 건강한 어른은 슬픔을 극복하고 이번 일로 배운 것들을 되짚어보는 데 의식적으로 혼자 충분한 시간을 보낸다. 이렇게 관계로부터 한 발 물러서 있는 것은 섹스와 미래의 연애 후보들에 대한 무관심으로 나타날 수도 있다. '나는 앞으로 다시는 사랑하지 못할 거야.'라는 망상적 두려움이 뒤따를 수도 있다. 이것은 사실상 무의식적인 본능의 지배를 받는 것으로 당신은 새로운 누군가를 받아들이기 전 곁을 떠난 누군가를 애도하기 위해 잠시 숨을 고르고 있는 중일 뿐이다. 시간이 지나면 새로운 사랑을 시작할 준비가 된다. 그때가 오면 억지로 찾아다니지도 말고, 그렇다고 피하지도 말고, 제 발로 찾아오게 내버려 두어라. 이것은 조급한 마음이나 사회적

압력을 넘어 우주의 동기적同期的 타이밍을 믿는 것이다.

익숙한 것들에서 벗어나는 것이 힘든 이유 중 하나는 변화가 무르익기도 전에 변화를 멈추고 싶은 유혹을 느끼기 때문이다. 익숙한 것들을 빼앗겼다는 생각은 손에 닿는 모든 것들을 빨아들이는 위협적인 진공 청소기와도 같다.

두려움에 빠져 있을 때 파멸의 틈처럼 보이는 이 빈 공간이 사실은 '비옥한 공허함'이 될 수도 있다는 것을 인정하기는 힘들다. 이 '비옥한 공허함'은 현재 내가 가진 익숙한 것들을 포기할 때 새로운 기회와 미래를 가져다주는 삶의 가속도에 대한 실존적 은유다.

이 그네에서 저 그네로 몸을 날리는 곡예사는 언제 그네를 잡은 손을 놓아야 할지를 안다. 그러나 아무리 정교하게 계산을 해도 그 순간 그에게 믿을 것은 자신의 가속도 말고는 아무것도 없다. 우리의 심장은 곡예사가 그리는 포물선을 따라 움직이며 온전히 위험에 몸을 내던진 그를 사랑하게 된다.

— 어빙 폴스터Erving Polster와 미리엄 폴스터Miriam Polster

『게슈탈트 통합치료Gestalt Therapy Integrated』

* 2002년 출간된 나의 저서 『How to be an Adult in Relationships(관계에서 어른이 되는 법)』을 보면 이 주제에 대해 보다 깊이 있게 다루고 있다.

관계 속에서 어른으로 살아가기

관계의 '기정사실들'은 비현실적인 기대에 대한 해독제다.

- 관계의 모든 요소들은 친밀감, 애정, 성적인 흥미/에너지, 자녀에 대한 헌신과 가족, 조화, 자기 개방 등의 단계를 거친다.
- 두 사람이 똑같은 사랑을 하는 순간은 극히 드물다.
- 서로에게 있어 우선순위는 지속적으로 바뀐다. 두 사람 사이의 결합이 늘 우선이 아닐 수도 있다.
- 진정으로 사랑하는 사이에서는 기본적인 인간의 권리를 빼앗지 않으며 빼앗을 수도 없다.
- 친밀한 관계는 수시로 가까워지기도 하고 멀어지기도 하는 변화무쌍함을 인내할 때 가장 잘 지속된다.
- 관계에 있어서 거리가 생기는 게 아니라 당신이 무의식중에 거리를 만들어내고 있는 것인지도 모른다.

- 최고의 관계란 개인적인 목표를 추구할 나만의 공간을 가지면서 연민의 마음으로 상대방이 느낄지 모르는 불안에 관심을 기울이는 것이다.
- 건강한 관계는 서로의 우정은 인정하지만 '무단 침입자'들은 확실하게 제거한다.
- 누군가를 통제하거나 바꿀 수 있는 사람은 없으며 그럴 필요도 없다.
- 언제나 변함없이 충실하거나 정직한 사람은 없다.
- 정당한 기대란 없으며 동의조차 늘 신뢰할 수 있는 것은 아니다.
- 상대방이 늘 한결같고 배려심이 넘치고 믿을 수 있는 친구가 되어주는 것은 아니다. (그리고 당신도 마찬가지다.)
- 당신은 궁극적으로 혼자이며, 혼자서도 잘해나갈 수 있다.
- 당신을 행복하게 해주고, 당신을 매혹시키고, 부모처럼 당신을 사랑해주고, 부모에게 받지 못했던 사랑을 당신에게 줄 수 있는 그런 사람은 존재하지 않는다.
- 대부분의 사람들은 관계에서 자신들이 진짜로 원하는 것이 무엇인지 모르고, 자신들이 진짜로 원하는 것을 요구하지도 않으며, 자신들이 진짜로 느끼는 것을 드러내지도 않는다.
- 대부분의 사람들은 친밀감과 한결같은 성실함, 강렬한 감정들, 제약 없는 즐거움에 두려움을 느끼거나 피한다.

166

- 상대방에 대한 심각한 불만들을 뒤집어보면 사실 당신 자신도 갖추지 못한 것들이다.
- 서로가 자신의 개인적인 입장을 고수할수록 상황이 명확해지거나 진실이 드러날 기회가 적어진다.
- 이별할 때 '안녕'이라고 분명하게 말하는 경우는 매우 드물다. 대부분의 사람들은 말없이 상황을 흐지부지 끝내려고 하고 정면으로 부딪치는 것을 피한다.
- 관계가 끝났다고 해서 탓할 수 있는 사람은 아무도 없다.
- 하나의 관계가 끝나려면 언제나 시간이 필요하다. 그래야 또 다른 관계를 건강하게 시작할 수 있다.
- 관계가 이미 끝났는데도 추억과 후회, 복수하고 싶은 마음, 되풀이되는 상실감이 오랫동안 지속되는 것은 지극히 자연스러운 일이다.
- 당신의 부모(혹은 상대방의 부모)가 관계의 시작이든 중간이든 끝이든 적극적으로 눈에 보이지 않는 영향을 미칠 것이다.
- 새로운 사람의 매력에 강하게 끌리는 것은 상대방의 매력 때문이 아니라 당신 자신의 욕구 때문이다.
- 관계란 끊임없이 환상을 극복해 나가야 하는 영적인 길이다.
- 자존감을 만들어주는 관계란 없다. 단지 자존감을 받쳐줄 뿐이다.

건강한 관계를 위한 나의 목표는 자존심을 충족시키기 위

해 상대방을 소유하는 것이 아니라 관계를 충족시키기 위
해 자존심을 버리는 것이다.

일생 동안 영원히,
나는 당신을 용서하고,
당신은 나를 용서한다.

— 윌리엄 블레이크William Blake*

* 영국의 시인이자 화가

3부

통합

9

융통성 있는 통합의 기술

우리가 충분히 주의를 기울이고, 충분히 사랑하고, 충분히 인내한다면 경험의 중심 어딘가에 놀랄 만한 질서와 일관성이 있음을 알게 된다. 당신에게 그럴 시간이 있는가?

— 로렌스 더럴Lawrence Durell*, 『저스틴Justinc』

개인적 통합의 과정은 품는 것이지 제거하는 것이 아니며, 부정적인 것과 긍정적인 것이 혼재한 자신의 생각과 행동을 모두 인정하는 것이다. '나는 예전보다 훨씬 단호해졌지만 가끔은 여전히 수동적일 때도 있어.' 자신이 가진 단점을 통째로 없

---

* 영국의 소설가 겸 시인

애려고 하는 것은 스스로를 너무 가혹하게 몰아세우는 것이다.

통합은 인간적인 것이지 기계적인 과정이 아니다. 거기에는 우리의 통제력이 미치지 않는 그만의 타이밍이라는 것이 있다. 통합은 어떤 문제가 완벽하게 해결되어 다시는 똑같은 문제가 발생하지 않을 것이라는 의미가 아니다. '내가 너의 감정에 대해 더 잘 알게 되었다고 해서 네가 필요로 할 때마다 매번 그 자리에 있겠다는 건 아니야.'

통합을 위해서는 변화의 양 끝을 같이 품어야 한다. 예를 들면, 우리가 터놓고 자기표현을 하는 동시에 여전히 가끔은 감추는 것도 있는 것처럼 말이다. 통합은 전체적으로 통일된 어느 하나가 아니라 삶의 비율을 재조정하는 것이다. 마음을 열고 경계심을 내려놓았다고 해도 행동 전체로 봤을 때에는 양 극단의 성향이 그대로 남아 있을 수 있다.

일부일처제를 지키는 관계에서 다른 누군가에게 성적 욕망을 품는다고 치자. 통합은 그 욕망을 뿌리째 뽑아내고 아예 그런 경험 자체를 원천 봉쇄하는 것을 의미하지 않는다. 욕망은 그대로 품되 그에 휘둘려 행동하지 않고, 그 욕망이 당신에게 (그리고 우리에게) 의미하는 것이 무엇인지 주의 깊게 살피는 것이다. 이런 방식으로 우리는 자신의 내면과 관계 모두에 충실할 수 있다.

진정한 변화가 완전히 달라지는 것을 의미하지 않는다는 것을 깨달으면 부담감도 줄어들고 더 행복해진다. 긍정적인 면이 늘어나고 부정적인 면이 줄어든 것에 만족하게 되는 것이다. 인간의 변화는 한편으로는 노력에 의해, 또 다른 한편으로는 우리도 알 수 없는 타이밍에 의해 일어난다. 그래서 변화의 시기는 더욱 헤아리기 힘들어지고, 우리뿐만 아니라 다른 이들에게도 우리와 그들 자신 안의 변화를 깨달을 것을 요구하게 된다. 티베트 불교의 스승인 트룽파 린포체Trungpa Rinpoche는 다음과 같이 말했다. "관대함으로 가득 찬 평정심의 지혜는 모든 상황을 빛나는 존재의 모습으로 본다."

믿음과 행동

나는 나의 현재인 동시에 과거이므로 새로운 통찰력은 케케묵은 믿음과 공존한다. 이런 오래된 믿음들을 없애려고 하는 대신 더 이상 그에 따라 행동하지 않는다. 그리고 더 나은 정보로 무장한 신념에 따라 행동한다.

- 도전을 받아들이면서도 여전히 두려움을 느낀다.
- 그/그녀를 믿기로 하지만 의심을 완전히 거두지는 못한다.
- 위험 요소가 있을지도 모르는 즐거움을 선택한다.
- 벌을 주고 싶은 마음을 버리기로 결심했지만 복수심은 여전히 남아 있다.
- 원하는 것을 추구하면서도 여전히 강렬하게 바라는 것이 남아 있다.
- 자존감이 강하지만 때로는 자책하기도 한다.

• 불안을 느끼더라도 그것을 남에게 전가하지 않는다.

양 극단 간의 비율이 언제나 똑같거나 부정적이고 자기 파괴적인 면이 늘어나는 쪽으로 변한다면 우리는 앞으로 나아가고 있는 것이 아니다. 그러나 만일 그 비율이 어느 한순간 다만 1인치라도 긍정적인 쪽으로 변한다면 우리는 성장하고 있는 것이다.

감정

감정을 통합한다는 것은 각각의 모든 감정들이 우리 안에서 충분히 제 할 일을 다 하도록 허용한다는 것이다. 우리는 그 감정들에 이름을 붙이고 경험하고 표현하고 놓아준다. 그 과정에 아무런 제약이 없지만 타인의 권리나 경계를 침해하는 일은 없어야 한다. 감정을 받아들인다는 것은 활주로에 착륙하는 비행기와도 같다. 어떤 비행기는 눈에 익고 어떤 비행기는 낯설다. 어떤 것은 택시처럼 눈 깜짝할 사이에 서고 어떤 것은 질질 끌지도 모르며, 불시착하거나 소리 없이 착륙하는 것도 있겠지만, 결국에 가서 모두가 떠나는 것은 매한가지다. 어떤 비행기들은 그 최종 목적지를 알고 있지만 모르는 것들도 많다. 어떤 것들은 우리에게 불을 붙이기도 하지만 우리를 완전히 태워버릴 수 있는 것은 없다. 감정이 찾아들고 떠나간 뒤에도 우리는 그대로 남는다. 우리는 감정을 그대로 온전히 받아들이면서도 살아남을 뿐만 아니라 그로 인해 생이 충만해진다.

우리가 느끼는 수많은 감정들을 계속해서 하나로 축소하기 위해 애를 쓴다면 우리는 감정을 통합하고 있는 것이 아니다. 예를 들면, '나는 감정이 메마른 것 같아.'라는 말은 '나는 우울하고 슬프고 자기 연민에 빠져 있고 스스로 일어서겠다는 의지가 생기지 않아.'라는 다면적인 의미일 수 있다. '나는 아이들을 많이 사랑하는 아빠야.'라는 말은 '나는 여러 가지 점에서 아이들을 사랑하는 아빠이지만 때로는 아이들을 통제하고 아이들의 욕구보다 나의 기대를 앞세우기도 해.'라는 말로 확대해볼 필요가 있다.

우리가 언제 자신의 다양한 감정과 행동들을 무시하는지 인식하고 우리가 놓친 것들이 무엇인지 찾아낸다면 자신의 마음의 깊이를 보다 잘 감지할 수 있게 된다. '이제부터 나 자신(혹은 다른 사람들)에 대한 판단을 내릴 때마다 적당한 형용사 네 개를 더 찾아내는 방법을 쓸 거야.'

성공과 실패

자신이 성공할 때도 있지만 실패할 때도 있다는 것을 사람들 앞에서 터놓고 인정하라. 때로는 그들을 위해 해낼 때도 있지만 때로는 기대를 저버리기도 한다고 말하라. 누군가를 실망시키느니 한 번만 더 노력해보자고 마음을 먹어라. 완벽해지겠다는 약속을 하지 말고 실패를 보상하겠다고, 그래서 잃어버린 것을 되돌려주겠다고 약속하라. 이것이 융통성 있는 (그래서 어른다운) 자아를 드러내는 일이며, 당신을 절대적으로 믿으려고 하는 타인의 기대나 당신을 절대적으로 불신하려고 하는 타인의 편견으로부터 당신을 보호해준다. 뉴먼 추기경Cardinal Newman은 "산다는 것은 변한다는 것이고, 완벽하다는 것은 그만큼 자주 변했다는 것이다."라는 지혜로운 말을 남겼다. 행동에 있어 가혹하리만치 엄격하게 완벽을 추구하는 것은 인간성에 대한 커다란 폭력이다. 그런 무시무시한 요구를 이행하기 위해 억압하고 경계하는 것은 스스로를 마모시키는 일일 뿐 그 어떤 목표도 이루지 못한다.

완벽이 아닌 완성도

내적인 작업이 모두 끝나고 스스로 완벽해져야만 비로소 자아실현이 이루어진다고 믿는다면 그것은 결코 행복해질 수 없는 길을 선택한 것과 같다. 그렇게 완벽한 인간은 존재하지 않기 때문이다. 통합이 모든 과정을 포괄하는 것이라면 시에나의 성녀 카타리나가 말한 것처럼 "천국으로 가는 모든 길이 천국이다." 우리는 지금 이 순간에도, 그리고 앞으로 살아가는 모든 순간에도 완전하다.

　신화 속 영웅의 여정에 내포된 은유만 봐도 이를 잘 알 수 있다. 최초로 한계점을 통과하기 위해 도전하고 투쟁하고, 결국 더 높은 경지의 깨달음을 얻고 귀환하는 영웅의 모든 걸음은 신성하다. 그/그녀는 주어진 도전에 즉각적으로 반응하여 행동하므로 언제나 완전하다. 그러므로 투쟁은 상賞과 동등한 가치가 있다. 이 두 가지의 영광은 같은 순간에 주어지는 것이기 때문이다. 두려움에 맞서고 극복하고 그것을 내 안으로 흡수하는 동안 우리의 자존감은 충만해진다. 융이 말한 것처럼, "전체성은 완성도이지 완벽한 것이 아니다."

화학 인자들을 조심스럽게 떨어뜨려 구분해놓으면 그 어떤 새로운 물질로도 변할 수 없다. 그러나 용기 안에서 서로 섞이면 원래의 성질 이상의 무언가가 된다. 정신은 서로 절대로 융합할 수 없을 것처럼 보이면서도 우리 안에 공존하는 여러 가지 서로 다른 생각과 감정을 담는 그릇이다. '서로 반대되는 것들의 신성한 결혼'이라는 말만큼 영적 실현에 딱 들어맞는 만고불변의 상징이 또 있을까.

나는 사람들에게 그들이 가진 연약함과 힘을 모두 느끼게 해줌으로써 영적인 유대감을 경험하게 해주고 싶다. 즉각적인 친밀감이나 즉각적인 영성 같은 것은 존재하지 않는다. 그것은 우리 안에서 서서히 진화해 나가는 것이다. 그 목표에 다다르기 위해 우리는 태어났다는 사실을 알아야 한다. 영성이 성장해갈수록 두려움이 발붙일 자리가 없어진다. 이것이 처음 듣는 이야기는 아닐 것이다. 예수와 부처, 그리고 또 다른 위대한 이들의 설교가 바로 이에 대한 것이다. 과거에 우리들 대부분은 '그 사람들은 우리와 차원이

달라. 신성한 존재들이잖아…… 우리는 그저 평범한 인간일 뿐인
걸. 그러니 우리가 그들과 같은 영성에 도달할 수 있을 리가 없어.'
라고 말하고 지나쳤지만 이제 우리도 할 수 있다는 것을 깨닫게 될
것이다.

— 버지니아 사티어Virginia Satir*

* 가족 치료 분야의 선구자

10
그림자와 친구하기

우리는 길을 가는 동안 천 개의 가면을 쓴 우리 자신을 만난다.

— 칼 융Carl Jung

그림자란 내 안의 일부로, 두려움에 빠지고 거부당하고 주목받지 못하고 금지된 무의식의 원형이다. 조지프 캠벨Joseph Campbell은 이 '그림자'를 가리켜 "우리가 감히 통합하지 못했던 불편하고 저항적인 정신의 힘"이라고 했다. 우리는 이런 힘(성질)을 특히 같은 성性을 가진 사람들에게 투사하고 민감하게 반응한다.

부정적인 그림자는 결코 용납할 수 없고 내 것이라고 인정하기 힘든 결점들로 이루어져 있으며 타인에게서 그런 점들을 발견했을 때 우리는 강력하게 비난한다. 자신 안에 있는 것들은 잘 보이지 않아도 타인에게서는 더욱 두드러지게 보이는 것이다.

긍정적인 그림자는 우리들 안에 감춰져 있는 장점들로 이루어져 있으며 다른 사람들에게서 그런 점들을 발견했을 때 우리는 강하게 칭찬하거나 부러워한다. 우리는 자신 안에 있는 장점들은 내심 부인하면서 남의 것은 의식적으로 존중한다. "모든 천재의 작품에는 지난날 우리가 스스로 외면했던 생각들이 보인다. 그것들이 생경한 위엄을 품고 우리에게 되돌아오는 것이다." (에머슨Emerson)

나와 그것

그림자는 '나'(진짜로 나 자신을 이루는 것)의 일부를 '그것'(타인에게만 있는 것처럼 보이는)으로 바꾸어놓는다. 그림자와 친해진다는 것은 투사되고 버려졌던 나의 일부를 끌어모아서 전체의 '나'를 회복하는 것이다. "'그것'이 있던 곳에 '내'가 있어야 한다." (프로이트Freud)

우리가 배척하고 부인한 것들이 실제보다 과장되어 우리를 공격하고 겁을 줄 때도 있다. 우리 스스로 도려내버린 것들에 의해 상처를 입게 되는 것이다. 그것들을 다시 거두어들이고 통합하는 방법은 그것들을 인정하고 되돌아오는 길을 열어주는 것이다. 그러면 우리는 자아를 이루는 모든 조각들을 온전히 되찾게 된다. 이것이 심리학적인 치유이며 우리가 부인했던 것들을 인정하고 자신의 힘을 온전히 회복하는 것이다.

　방어벽을 거두고 '저 밖에 있는' 부정적인 것들이 '이 안으로 들어오는' 것을 받아들이라. 그러고 나면 우리는 자동적으로 내면의 긍정적인 가치를 회복하고 개인적 성장을 이루게 된다. 이것이 자아의 집착에서 벗어나 일관되고 건강한 자아에 이르는 길이다.

　미녀는 못생긴 야수를 있는 그대로 받아들여주었기 때문에 그녀만큼이나 출중한 용모의 왕자, 즉 그녀의 배필이자 잃어버린 반쪽을 발견하게 되었다. 한때 두려워하며 내쳤던 그 힘을 끌어안고 나자 그녀의 적은 협력자가 되고 과장되었던 크기도 실제 크기로 줄어들었다. 그녀는 왕자와 함께 비로소 자신의 정체성을 찾은 것이다. 이렇듯 우리가 가지고 있는 영적인 본모습은 무조건적인 사랑에 의해 마법에서 풀려나게 된다.

긍정적인 그림자의 통합

긍정적인 그림자를 통합한다는 것은 타인에 대한 경외심 뒤에 숨은 미개척지와 같은 자신의 잠재력을 깨닫는 것이다. 우리가 칭찬해 마지않는 다른 사람의 품성과 재능들이 내 안에도 있다는 것을 인정하면 그것들을 묶고 있던 속박이 풀리기 시작한다. 처음에는 '그런 척 행동하는' 것처럼 느껴질 수도 있지만 곧 그런 행동이 몸에 익으면서 나중에는 더욱 많은 숨겨진 힘들을 찾아낼 수 있게 된다. 노력을 하다 보면 은총이 알아서 돛을 달아주고, 바람을 안은 돛의 힘은 의지와 논리를 초월한다.

부정적인 그림자의 통합

부정적인 그림자를 통합하기 위해 우리는 평소 비난해 마지않던 다른 사람들의 결점을 우리 자신도 가지고 있다는 것을 인정해야 한다. 처음에는 그럴만한 타당한 이유를 발견하지 못해 이성적인 사고가 발을 걸고 넘어질 수도 있지만 생각을 많이 할수록 자기 자신을 있는 그대로 보지 못하게 될 뿐이다. 일단 비난과 합리화를 멈추고 나면 다른 사람에게서 보는 부정적인 성질들과 반대되는 긍정적인 성질들이 아직 활성화되지 못한 채 내 안에 잠들어 있는 것을 발견하게 된다. 모든 부정적인 것들 속에는 우리에게 귀속되고 싶어 하는 소중하고 아름다운 무언가가 숨어 있다. (야수 안에 숨은 왕자가 미녀에게 사랑받고 싶어 한 것처럼 말이다.) 부정적이라는 것은 아직 의식적인 통합에 의해 구원받지 못했다는 뜻일 뿐이다.

우리는 자신의 부정적인 그림자를 부인할수록 남의 시선을 신경 쓰는 '페르소나(대중적 얼굴)'라는 가면을 쓰게 된다. 그림자는 페르소나와 정반대의 것이다. 남들 앞에서 자신의 그림자를 인정할 때 그림자의 비밀스러운 얼굴과 페르소나가 겹쳐지게 된다. 서로 상반되는 것들의 화해가 정신적 치유를 가져다주는 것이다.

우리는 과연 그림자를 완전하게 통합할 수 있을 것인가? 융은 이 질문에 다음과 같은 대답을 내놓았다. "무의식의 창조적인 힘이 계속해서 새로운 형태를 만들어낸다는 것 하나만으로도 무의식을 완전하게 비우는 것은 불가능하다."

다음의 표는 부정적인 그림자와 긍정적인 그림자의 예를 열거한 것이다. 마이스터 에크하르트는 "알맹이를 얻으려면 껍질을 부숴야 한다."고 했다. 다른 사람들에게서 당신이 정말로 싫어하는 점들(왼쪽)을 보게 되면 그와 동등한 선상에 있는 긍정적이고 적극적인 점들(오른쪽)을 내 것으로 만들기 위해 노력하라. 왼쪽은 다른 사람들에게 투사되는 성질을, 그리고 오른쪽은 내 안에 존재하고 있으나 한 번도 관심을 두지 못했던 성질을 나타낸다. 달리 말하자면 그동안 부인해왔던 내 안의 일부가 나도 모르는 사이에 귀한 진주를 품고 있는 셈이다.

부정적인 그림자 : 우리 자신에게서는 보지 못하면서 다른 사람들에게서 찾아내는 것들	긍정적인 그림자 : 우리 안에 잠재하고 있는 살아 있는 에너지
중독성	확고한 의지
불안	흥분
타인의 인정에 대한 갈증	공정한 판단에 대한 열린 마음
자만	자신감, 자기 신용
집착	몰두
편견	안목
신랄함, 원한을 품고 사는 것	부당함을 못 본 체하고 넘기지 않는 것
맹목적인 복종	충성심
보호	연민
의존	충성심
양보	협상의 가능성
강요	신뢰성
강박적 순종	조직의 효율성
속임수	설득력의 발휘
묵인	영리한 전략 세우기
통제, 조작	리더십, 효율성, 조정 능력
비겁함	신중함
잔인함	분노
내숭	다른 사람에게 다가가는 데 있어 창의력을 발휘함
잔꾀	미리 빈틈없이 생각하기
자기방어	사전 준비
요구	요청
타인에 대한 의존	타인에 대한 분별 있는 신뢰
권리	상응하는 가치
두려움	조심성
버려지는 것에 대한 두려움	지지를 모으기

부정적인 그림자 : 우리 자신에게서는 보지 못하면서 다른 사람들에게서 찾아내는 것들	긍정적인 그림자 : 우리 안에 잠재하고 있는 살아 있는 에너지
사로잡히는 것에 대한 두려움	경계를 유지하기
아첨	칭찬
무모함	용기
탐욕	자신을 위한 준비
죄책감	양심
증오	건강한 분노
무력감	언제든 타인의 지원을 받아들일 수 있는 열린 마음
적개심	자기확신에 찬 분노
위선	'마치 그런 것처럼' 행동할 수 있는 능력
조바심	열의
충동적	자발적
무능력	실험 정신
우유부단	객관성
위협	정면 대결
질투	보호
성급한 결론	직관력
무질서	융통성
게으름	여유
법률만능주의	융통성
고독	타인의 돌봄을 받는 것에 대한 열린 마음
수다	자신의 생각을 분명하게 표현하는 것
거짓말	풍부한 상상력
구두쇠	돈을 쓰는 데 있어 주의를 기울임
채워지지 않은 욕구	타당한 욕구를 존중해달라고 요청할 수 있는 능력

부정적인 그림자 : 우리 자신에게서는 보지 못하면서 다른 사람들에게서 찾아내는 것들	긍정적인 그림자 : 우리 안에 잠재하고 있는 살아 있는 에너지
아부	존경
강박관념	관심, 집중
완벽주의	최선을 다하고 잠재력을 발휘하면 더 나은 사람이 되어 더 많은 일을 성취할 수 있다.
허세	건강한 자기도취
질질 끌며 미루기	자신만의 타이밍을 존중하기
헤픔	관대함
의무에 대한 반항	마음에서부터 내려놓을 때 선택하거나 거부할 수 있다.
조롱	유머
지나친 엄격함	끈기와 신념
비꼬는 풍자	재치
이기심	자기 보호
자기 연민	자기 용서
의무감	선택
교활함	빠른 상황 판단
옹고집	결단력
복종	협조, 순종
요령 없는 무뚝뚝함	숨김 없는 솔직함
당연하게 여김	받아들임
복수심	정의감
징징거림	아프다고 말하고 필요한 것을 청함

목록을 이용해 부정적인 그림자를 처리하는 방법은 다음과
같다:
– 나는 다른 사람들이 나를 통제하려고 할 때 기분이 몹시
  나빠진다.
– 지금 당장 자각하지 못하더라도 나 역시 다른 사람을 통
  제하려는 욕구가 있다는 것을 인정한다.
– 나는 능력과 리더십이 있지만 이를 충분히 활용한 적은
  없다.
– 나는 다른 사람을 통제하려 들지 않으면서 고도의 리더십
  이 있는 사람처럼 행동하기로 한다.

그러면 다음과 같은 세 가지 결과가 자동적으로 나타난다:
– 다른 사람의 통제 행위는 단순한 관찰 대상이 되며 당신
  은 이를 정보로만 받아들일 뿐 그 어떤 영향도 받지 않는
  다. 당신은 증인이 될 뿐 적이나 피해자가 될 일은 없다.
– 교묘하게 남을 통제하려는 행동이 사라진다.
– 잠재해 있던 조정 능력과 리더십이 저절로 드러난다.

진정으로 우리 자신인 것만이 치유의 힘을 갖는다.

— 칼 융Carl Jung

11

꿈과 운명 — 어둠을 꿰뚫어 보는 시선

꿈은 어떤 상황이 벌어지기 오래전부터 그 일을 준비하고 알리거나 경고한다. 그것은 기적도 아니고 예지도 아니다. 대부분의 위기는 무의식 속에서 오랜 잠복기를 거친다.

— 칼 융Carl Jung

꿈은 현재 우리가 어디쯤 와 있는지, 우리가 싸우고 있는 것이 무엇인지, 우리의 운명이 어디쯤에서 기다리고 있는지를 보여주는 무의식으로부터의 메시지다. 내면세계의 구석구석에 고인 어둠 위로 의식의 빛을 비추는 것이 우리의 운명이다. 꿈은 우리를 그 어둠 앞으로 데리고 가서 우리가 아직 모르고 있는 것들을 말해주고, 우리가 감추고 있는 얼굴과 애써 부정하거나 무시해온 것들이 무엇인지를 보여준다. 그렇게 의식적인 삶에서 밀어냈던 것들이 꿈속에서 다시 우리를 찾아와 합체되며 전체성을 회복한다. 이런 의미에서 꿈은 무의식과 의식을 화해시키고 우리의 운명을 알려주는 길잡이 역할을 한다.

꿈은 변화의 중개인이다. 꿈에 귀를 기울이면 우리는 보다 깊고 내밀한 미지의 세계로 들어갈 수 있다. 여기에서 '보다 깊다'라는 것은 우리의 의식적, 그리고 무의식적 삶 사이의 결속이 더 강하고 풍요로워지는 것을 의미한다.

실제적인 정보

사람은 누구나 밤마다 보통 90분 주기로 꿈을 꾼다. 일찍 꾸는 꿈은 1분이나 2분 정도 길이이고 마지막으로 꾸는 꿈은 한 시간 가까이 이어진다. 꿈은 단기 기억에 저장되므로 잠에서 막 깨어났을 때 분명하게 기억하고 있었다고 해도 쉽게 잊히고 만다. 사실 모든 꿈은 총천연색이지만 가장 먼저 잊히는 것이 바로 이 색깔이다.

꿈은 전날 있었던 일들을 도구 삼아 줄거리를 만든다. 따라서 '어제 내가 ……했기 때문에 그런 꿈을 꾼 것뿐이야.'라는 식으로 꿈의 의미를 얼버무리거나 축소하지 않는 것이 중요하다.

누구라도 꿈을 기억할 수 있다:

1. '나는 꿈을 기억하지 못해.'라는 부정적인 생각을 버려라.

2. 낮 동안, 그리고 잠에 빠져드는 동안 '나는 꿈을 기억할 거야.'라고 확신하라.

3. 침대에 누워서 잠이 들기를 기다리는 동안 '잠깐 일어나서 무슨 꿈을 꾸었는지 기록하고 난 다음 금방 다시 자야지.'라고 자기 암시를 걸어라.

4. 종이와 펜, 조명을 침대 옆에 준비해두고 눈을 뜨자마자 기억나는 것이 무엇이든, 그것이 얼마나 단편적인 기억의 조각이든 즉시 적어라. 만일 당장 기억나는 것이 아무것도 없다면 그 순간에 마음에 떠오르는 것을 쓰라. 계속 연습하다 보면 그만한 성과가 있을 것이다. 문단으로 쓰지 말고 몇 마디의 문장들로 꿈의 요점을 표현하라. 눈을 떴을 때의 느낌, 꿈속에서 느꼈던 기분과 색깔들, 꿈의 시작과 전개, 결론을 떠올려라.

5. 꿈 일기장을 마련해서 매일 꿈의 내용을 기록하라.

6. 다른 사람에게 당신이 꾼 꿈에 대해서 이야기하라.

7. 적극적인 상상력을 이용하라.

꿈은 손님과 같다. 환영과 존대를 받을수록 오래 머문다. 위의 일곱 가지 방법으로 꿈을 소중하게 대한다면 당신은 꿈을 기억하고 그것이 주는 메시지를 알아낼 수 있을 것이다. 융은 "무의식에 관심을 기울이면 협력으로 보답을 한다."고 했다.

반복되는 꿈

대부분의 사람들에게는 사는 동안 내내, 혹은 어떤 일정 기간 동안 반복되는 꿈이 있다. 이런 꿈은 다음과 같은 목적을 지닌다:

• 의식적인 삶에서 결여된 것들에 대한 보상
• 변화, 변이, 정신적 변형에 대한 예고
• 육체적, 또는 정신적 트라우마에 대한 이해(충격은 반복될 때 가장 잘 흡수된다.)
• 준비 부족, 때늦음, 통제력 상실, 세계적 재앙, 꼼짝 못하게 묶여 있는 상태, 혹은 구출 상황 같은 것에 대한 정상적인 불안의 표시

반복되는 꿈을 들여다보며 세세한 부분들이 어떻게 달라지는지, 그리고 그것들이 드러내는 문제가 어느 정도 통합이 되었는지를 살피라. 그리고 반복되는 꿈들을 통해 당신의 불안과 슬픔, 결핍이 무엇인지 깨닫고 더 많은 관심을 기울여라.

반복적인 꿈들은 해석하기보다는 철저하게 규명해야 한다. 그것들은 의식적으로, 그리고 무의식적으로 자연스럽게 삶에 녹아들어 완전히 해결될 때까지 드라마처럼 쉬지 않고 재생되기 때문이다.

악몽

악몽은 겁에 질린 채 깨어나는 꿈이다. 무의식이 자신의 메시지를 강조하기 위해 깜짝 놀라게 해서 주의를 끄는 일종의 충격요법인 것이다. 악몽을 꾸면서 두려움을 넘어 공포를 느끼는 점이 무엇인지 직시하고 그 목적을 알아내는 것이 중요하다. 이 모든 일들을 꿈속에서 해치우는 것은 불가능하므로 깨어난 뒤에 꿈을 다시 떠올리며 마무리를 지을 수밖에 없다.

끔찍한 악몽의 가학적 이미지들이 당신의 내면을 대변하는 게 아니라는 것을 기억하라. 당신이 소름 끼치게 악한 사람이어서 그런 꿈을 꾸는 것이 아니다. 사전이 선과 악의 구분 없이 모든 단어를 담고 있는 것처럼 사람은 누구나 그 안에 인간의 모든 가능한 행태를 내재하고 있다.

아이들이 악몽을 무서워하는 이유는 그 꿈이 너무나 선명하고 구체적이기 때문이다. 사실과 환상을 구별할 정도로 아직 완전히 성숙한 것이 아니므로 꿈의 이미지들이 현실로 다가온다. 이것이 그들의 무기력과 무방비와 결합되면 악몽의 공포는 더욱 커진다.

나쁜 꿈이란 없다. 모든 꿈은 그저 우리 안에서 아직도 어둠에 묻혀 있는 것이 무엇인지를 알려주는 것일 뿐이다. 꿈속에서 우리를 공포에 떨게 만드는 것은 사실 우리와 친구가 되고 싶어 하는 그림자이다. 그러니 '이런 꿈을 꾸다니 나는 정말 나쁜 사람인가봐.'라고 생각하지 말고 '이런 꿈을 꾸는 걸 보니

나는 그만큼 절실하게 그것이 알고 싶은 거야, 혹은 그것을 하고 싶은 거야, 혹은 그것을 내 것으로 만들고 싶은 거야.'라고 해석하면 된다.

꿈의 배양

꿈을 배양하는 것은 치유의 신인 아스클레피오스의 신전에서 명성을 얻은 고대 요법이다. 꿈을 배양하기 위해서는 현재 당면한 문제에 대한 꿈을 불러내야 한다. 이는 사실상 꿈을 통해 지혜와 치유를 얻고 자신의 전체성을 회복하기 위한 것이다.

이 과정에는 3단계의 기술이 있다. 첫째, 잠이 들기 전까지 하루 종일 관심사나 문제에 대해 집중하라. 둘째, 자신의 내면에 그 답을 물어보라. 셋째, 해답을 찾았을 때 감사의 선물을 하겠다고 약속하라. 그 선물은 누군가의 부탁을 들어주는 것일 수도 있고, 시간을 내어 자원봉사를 하거나 기부를 하는 것일 수도 있다.

적극적인 상상

꿈은 자아보다 큰 내면의 지식으로부터 오지만 자아의 이해와 협조가 필요하다. 글자를 모르는 인간의 본성은 우리의 분열된 부분을 재결합시키기 위해 비유와 상징, 은유를 통해 소통한다. 상징은 사람마다 매우 다르므로 그것들을 정의해놓은 책이란 거의 가치가 없다. 꿈속에 나타나는 각각의 특징과 대상은 우리 안에서 관심을 요하는 부분을 상징하는 것으로, 무언가에 대한 관심은 치유력을 가진다. 이런 이미지들이 우리의 관심을 환기시키고 결국 통합을 이끌어내는 작용을 한다.

적극적인 상상은 무의식의 상징들에 관련한 융 심리학의 기술로 꿈과 대화하여 메시지를 찾아내기 위해 의식과 무의식이 합동으로 작업을 펼치는 것이다. 모든 강렬한 이미지(특히 수년간 지속되어 온)들은 우리의 운명에 대한 정보를 담고 있고, 이 기술을 사용하여 치료 효과를 낼 수 있다.

무의식에서 비롯된 이미지를 의식적으로 관찰하는 것은 우리 자신의 가장 깊숙한 내면을 경험하는 것이다. 자기self에게 있어 적극적인 상상은 자아ego에게 치유의 과정인 셈이다. 자기와 이미지의 관계는 정신과 사유의 관계와 같기 때문이다.

적극적인 상상에서 상징은 우리에 대한 숨겨진 진실들을 드러내고 활성화한다. 시각화할 수 있고 풍부한 상상력을 발휘할 수 있는 모든 것은 자아 개방과 영적인 변화로 가는 수단이 된다.

융은 이에 대해 이렇게 말했다. "신화와 상징은 그 어떤 명료한 개념보다도 훨씬 더 예리하고 분명하게 정신 활동의 과정을 보여준다. 상징은 이를 시각화할 뿐만 아니라 지나친 명료함이 지워버린 것들을 다시 되살려 경험하게 해준다."

적극적인 상상의 방법
1. 명상을 통해 마음을 비우라. (명상의 기술에 대해서는 다음

장을 참고할 것)

2. 자신의 무의식에 지시를 내리는 게 아니라 귀를 기울이는 태도를 견지하라.

- 나는 내면의 메시지에 마음을 열 것이다.
- 내가 알아야 할 필요가 있는 것들을 알 준비가 되어 있다.
- 나는 상상이 가진 치유의 능력을 믿는다.

3. 이미지를 굳이 해석하려 들지 말고 글로 쓰거나 그림을 그리거나 동작으로 표현함으로써 대화하라. 이 대화는 다음과 같은 것들에서부터 시작된다.

- 이미지에 대한 신체적 반응
- 내가 좋아하는 대로가 아니라 내가 느끼는 그대로의 이미지
- 자의적인 것을 배제한 이미지 자체가 전달하려는 메시지
- 논리나 추론적인 사고에 의지하지 않은 반응
- 즉흥적인 직관력

4. 이 과정에서 어떤 결과가 나오든 분명하게 공표하라. 예컨대 '나는 용서하고, 또 용서하겠다.'

5. 그 결과를 실천으로 옮기고 그로 인해 받게 되는 선물에 감사를 표시하라.

다음은 위의 3번에서 언급한 '대화'에 도움이 될 만한 이미지 활용법이다.

• 원을 그리고 그 안에 이미지를 나타내는 그림을 그리거나 단어를 적어 넣은 다음 원에 접하는 여덟 개의 선을 긋는다. 각각의 접선 끝에는 유의어나 정의, 간단한 묘사 같은 것은 제외하고 그 이미지에서 연상되는 것(감정, 신체 감각, 사고)을 하나씩 적는다. 자유 연상이어야 하므로 이전에 쓴 단어와 연결되는 단어는 피한다. 다시 여덟 개의 선으로 돌아가 즉각적으로 떠오른 단어나 문장을 적는다.

• 여덟 개의 말 중에 가장 충격적인 것을 하나 고른다.

• 그것을 자신에 대한 질문이나 요구로 바꾼다.

• 생각할 시간을 두지 말고 바로 대답한다.

• 원래의 이미지에서 이 대답을 실천적인 계획으로 전환할 수 있는 힘을 찾아낸다.

이미지와 사색

위에서 설명한 적극적 상상의 기술은 해몽에도 도움이 된다. 그러나 꿈에 나타난 이미지는 기술이 통하지 않는 초월적인 힘을 가지고 있다. 굳이 메시지를 알아내려는 의도 없이 그저 계속해서 이미지를 바라보기만 하는 것이 바로 사색이다. 이렇게 이미지와 공감하는 것은 미묘한 내적 변화를 가져오며 해몽을 더욱 풍요롭게 만들어준다. 자신의 내면에 대해 새로운 차원의 관심을 갖게 되는 것이다.

융은 이미지를 정신psyche과 동일시했다. 초개인적인 맥락에서 꿈의 이미지는 다른 무언가를 의미하는 것이 아니라 극도로 단순화된 그 자체를 나타낸다. 이것은 심리 구조와 무관하며 그렇다고 또 다른 현실을 가리키는 것도 아니고 사람이 좌우할 수 있는 것도 아니다. 꿈의 이미지는 상상의 산물이 아니라 자기를 비추는 거울이며, 상징이 아니라 현실이다. 그래서 이미지와 마주하며 관조적인 호기심을 갖는 것이 보람 있는 것이다.

이미지에 나타난 의미를 상세하게 설명하는 것은 불필요한 일이다. 엠마오에서 예수가 제자들과 함께 식탁에 둘러앉은 것만으로 그의 뜻을 드러낸 것처럼 이미지는 그저 바라보는 것만으로도 충분히 의미를 전달한다. 이미지에 의미를 부여하거나 의미를 찾으려고 노력하면 오히려 이미지를 침묵하게 만들 뿐이다. 이미지는 굳이 움켜잡으려 애쓰지 않아도 보이게 되어 있다. 꿈에서 당신이 본 이미지를 믿으라. 그리고 삶에서 하나의 실재적 존재로서 자리를 내주어라. 그것이 바로 진정한 당신의 모습이다.

내적인 전체성은 아직 채워지지 않은 것을 채워야 한다고 우리를 압박한다.

— 엠마 융Emma Jung

12

자아와 자기의 축 — 심리학과 영성이 만나는 지점

화해의 시간에 경이로운 일들이 일어난다.

— 칼 융Carl Jung

자아와 자기의 시너지 효과

완전한 인간적 깨달음을 위해 필수적인 심리적, 영적 작업은 살아가는 동안 개별적으로 또한 동시에 일어나게 되어 있다. 자아와 자기, 양쪽에 작용하는 효과적인 심리 치료는 변화와 변형의 과정에 큰 도움이 된다.

심리적 작업은 문제에서 해결로, 부족함에서 능숙함으로, 역기능에서 고도의 기능성으로 가는 직선적인 과정이다.

영적인 작업은 신경증적 자아ego의 무서운 집착에서부터 현재에 집중하는 자기self로 나아가는 여정이다. 이 과정은 자아의 노력 지향적인 작업일 뿐 딱히 뚜렷한 목표가 없지만, 결과적으로 지금까지 우리 안에서 전혀 조화를 이루지 못할 것처럼 보였던 모든 것들이 신성한 결합을 이루면서 삶의 모든 것들이 제자리를 찾게 된다. 이것이 우리가 '의식의 전체성conscious wholeness'이라는 운명을 달성하기 위해 필요한 전부다. 융은 생의 마지막에 이런 말을 남겼다. "나의 운명은 더 많은 사람들의 의식을 일깨우는 것이다. 인간 존재의 유일한 목적은 미천한 존재의 어둠을 밝히는 촛불 하나를 켜는 일이다."

자아의 궁극적인 임무는 자기가 빛을 먹고 살아가는 불멸의 장미 한 송이를 피워 올릴 수 있도록 건전한 토양을 충분히 다져놓는 것이다. 자아의 작업과 영적인 작업 모두 고통이 수반되는 노력과 은총을 통한 변이의 결합으로 이루어져 있다. 말 위에 올라타고 박차를 가하는 기수처럼 스스로 움직이는 동시에 말이 달리는 방향으로 움직여지게 되는 것이다. 자아의 작업에 전념하는 동안 우리는 자연스럽게 통찰력을 얻게 되고 삶의 방식이나 인간관계를 맺는 방식에서도 좀 더 건강해진다. 그리고 영적인 작업은 빛을 받아들이는 것과 같은 깨달음을 가져다준다. "깨달음은 전체성이 가져다주는 빛이다."라고 폰 프란츠Von Franz는 말했다.

이 두 가지의 복잡한 인간성의 직조 과정은 진화에서와 같이 예측이 불가능하고 예상하지 못한 폭발적인 양적 성장을 동반한다. 우리의 노력이나 통제력의 범위를 넘어선 은총(선물)을 받게 되는 것이다. 그리고 자신의 내면과 주위를 맴돌고 있는 힘과 예언자적인 지혜의 새로운 원천을 인식하기 시작한다. 이런 기적에 대한 우리의 보답은 그저 감사의 인사를 보내는 것으로 족하다. 그것이 눈에 보이는, 혹은 눈에 보이지 않는 자기와 소통하는 가장 효과적인 방법이다.

심리적, 영적 작업이 조화를 이루는 예로 유년기의 상처를 처리하는 과정을 들 수 있다. 심리적으로 우리는 과거를 애도하고 스스로를 돌보면서 미처 해결하지 못한 감정을 마무리 짓는다. 그리고 영적으로 과거의 경험을 현재의 치유를 위한 이미지로 이용한다. 이 이미지들은 우리에게 상처를 준 것이 결국 우리의 감수성을 풍부하게 만들어주었음을 드러낸다. 감정적으로, 또한 영적으로 충만한 지금의 내가 되기 위해 긍정적인 것이든 부정적인 것이든 삶이 주는 모든 경험이 필요했던 것이다. 선종의 가르침에 이런 말이 있다. "헛간이 그만 불에 타서 없어지고 나니 이제 달이 보이는구나."

타이밍의 중요성을 배우다 보면 살면서 때로는 심리적인 것이 중요할 때가 있고 때로는 영적인 것이 중요할 때가 있다는 것을 알게 될 것이다. 어떤 때에는 도전을 하고 일과 인간관계에 깊이 빠져드는 것이 살아가는 주요 동기가 된다. 이는 기능적 자아가 월등하게 발휘되는 때로 그 무엇도 손에서 놓기가 힘들어진다. 또 어떤 때에는 가진 것들을 내려놓음으로써 짐을 최대한 더는 것이 자아의 목표보다 우선하며 최선의 선택이 되기도 하는데, 이것이 영성이 활약하는 순간이다.

심리적 작업은 궁극적으로 보다 건강한 자존감과 보다 생산적인 인간관계라는 변화의 목표에 한발 더 다가서도록 만들어 준다. 그리고 영적인 작업은 의식의 지속적인 변형을 통해 자기를 실현한다. 이는 우리 자신과 타인을 위한 내적인 치유의 힘과 연결되어 있다. 이 변형의 단계에서 우리는 초자연적인 것을 느끼고, 스스로에게 자비로워지며, 모든 살아 있는 존재와 사물들과 하나가 되고, 반대되는 것들과 화해하게 되는데, 이 모든 깨달음이 어느 한순간 찾아오지만 그 어떤 말로도 설명할 길은 없다.

자아 – 자기의 축

인간으로서 성숙한 자기실현은 자아나 육신을 버리고 홀로 분리된 영성 안에서는 결코 일어날 수 없다. 영적인 단계를 두려워하는 신경증적 자아가 그 무엇도 자신을 넘어설 수 없다는 과장된 착각에 빠져 있는 동안에도 불가능하다. 오로지 자아와 자기가 하나의 축을 이루고 있을 때에만 우리는 우리가 가진 모든 힘을 쓸 수 있고 시간을 초월한 우리 안의 존재를 만날 수 있다. "썩어 없어질 본성은 불멸할 것이고 죽어 없어질 몸뚱이는 영생할 것이다." (『고린도전서』 15장 53절)

그러한 균형을 이루고 나면 자아는 두 번 다시 덧없는 현실을 영원한 것으로 믿으며 집착하지 않는다. "멈추어라, 너는 참으로 아름답구나!"(『파우스트』) 그보다 오히려 붙잡았다가 놓아주기, 주고받기, 바꿀 수 있는 것들은 바꾸려고 노력하고 바뀌지 않는 것들은 그대로 놔두기를 반복하며 즐기게 된다.

그리고 자기는 유일하게 알고 있는 단어인 '예스'에만 집중한다. '지나간 것이나 지나가고 있는 것이나 앞으로 다가올 것'에 대해 언제나 무조건적이고 성실하게 '예스'라고 대답하는 것이다. 융은 생의 마지막 시기에 이렇게 적고 있다. "삶에서 유일하게 들려줄 가치가 있는 것은 불멸의 왕국이 이 덧없는 세상으로 들어오며 벌어지는 일들이다." 결국 우리의 여정은 덧없는 것으로 불멸을 향해 가는 것, 자아의 집착에서 출발해 자아의 힘을 통해 영적인 자기인 무조건적인 사랑으로 가는 것이다.

명상

명상은 목표에 집중하는 자아로부터 잠시 벗어나는 것이다. 명상을 하면서 우리는 그저 우리 자체로 완벽할 수 있는 곳에 가닿는다. 계획하고 분석하고 통제하고 원하는 결과를 만들기 위해 집착하는 것과 정반대로 명상은 우리가 처한 상황을 받아들이고 그 자체를 완벽한 것으로 존중한다. 이로써 마음이 열리고 자연스러운 변화가 일어난다.

우리는 마음의 평화를 위해 명상하는 것이 아니라 바로 지금 이 순간을 살기 위해 명상하는 것이다. 지금 이 순간에 집중하지 못하도록 방해하는 모든 것들, 예를 들어 생각이나 바람들, 기대, 집착과 같은 것들을 버릴 때 평정심이 생겨난다.

앉아서 명상할 때에는 보통 책상다리를 하고 앉거나 의자에 등을 꼿꼿하게 펴고 앉아서 머리를 바로 세우고 손은 허벅지나 무릎 위에 올려놓고 자연스럽고 고르게 숨을 쉬면서 입은 다물고 눈은 뜬 상태를 유지한다. 눈을 계속 뜨고 있는 것은 현실을 차단하기보다 지금 이 순간에 머물도록 도와주기 위함이다. 그렇다고 바닥을 뚫어져라 보지 말고 초점을 맞추지 않은 채 눈길만 두라. 그 무엇에도 집중하지 말라. 자신의 호흡에만 의식을 유지하라.

생각이 방해가 된다고 없애려고 애쓰지 말라. 그 생각들을 붙잡으려고 하지 말고 그저 마음을 스쳐 지나가도록 내버려 두어라. 빠져들기 힘든 영화의 한 장면처럼 판단하거나 집착하지 말고 지켜보기만 하라.

사실 명상은 머릿속에서 일어나는 온갖 드라마에서 빠져나와 삶의 균형을 잡는 하나의 방법이라고 할 수 있다. 불안이나 자기 비난 없이 명징한 의식으로 모든 것을 바라보는 구경꾼이 되는 것이다. 그렇게 하면 어떤 상황에 지나치게 위축되지 않고 그것을 하나의 정보로 취할 수가 있게 된다.

생각에 휩쓸리고 있다고 느껴지면 그것에 '생각'이라는 이름표를 붙여놓고 다시 호흡으로 의식을 돌린다. 이런 방법을 통해 당신은 개인사에 매몰되지 않고 현재로 되돌아올 수 있음을 자신에게 상기시킨다.

명상을 통해 현재 내가 몰린 궁지가 다음 단계로 나아가는 빛이 되어준다는 것을 깨닫고 계속해서 삶을 살아 나갈 힘을 얻는다. 그래서 현재가 완벽한 것이다.

변화를 가져오는 심리학적 작업의 단계

• 신경증적 자아의 집착과 통제, 특권 의식에서 벗어나라.

'모든 것이 내 방식대로 되어야 한다.'가 아니라 '모든 것을 내 방식대로 하겠다는 마음을 버린다.'

• 사건과 감정, 상황이 일어나는 대로 무조건 받아들인다.

'나는 완전히 인정하겠어. 굳이 이유를 알려고 하지 않고 믿도록 하겠어.'

영적인 자기의 변화

• 새로운 일들이 일어난다.

• 눈앞에 닥친 급한 일들을 해결할 힘이 솟는다.

• 다음과 같은 것들을 알아보는 직관력도 생겨난다.

　－ 집착으로 내 발을 묶고 있었던 것은 무엇인가.

　－ 어느 시점에서 가진 것을 버리고 앞으로 나아갈 수 있는가.

　－ 어디에서 '노'라고 하며 여정을 중단했는가.

　－ 어디에서 '예스'라고 하며 다시 여정을 이어갈 수 있는가.

- 둘 중 하나……'였다가 이제 '양쪽 모두……'가 된 것은 무엇인가.

결론

우리의 영적 자아는 무조건적인 사랑, 고금을 통한 지혜, 치유의 능력, 이렇게 세 가지 힘을 가지고 있다. 어떻게 하면 이런 힘들을 내 것으로 만들 수 있는가? 어떻게 하면 우리 안의 잠자는 미녀를 깨울 수 있는가? 그것은 오로지 삶의 경험을 통해서만 가능하다. 이 세 가지 힘을 활성화할 기회를 얻기 위해 우리는 태어나서부터 죽을 때까지 경험을 계속한다. 다시 말해서 서로 다른 우리들 각자의 삶은 이 세계에 사랑과 지혜, 치유를 가져오기 위한 것이다.

우리의 운명은 잠자는 힘을 깨우고 무의식 밑에 놓인 의식을 되찾는 것이다. 경험을 하는 것만으로는 충분하지 않고 경험을 통해 변화해야만 한다. 이런저런 일들을 겪는 것뿐만 아니라 그런 경험들을 딛고 한 단계 더 앞으로 나아갈 돌파구를 마련해야 하는 것이다. 어떻게 하면 이 일을 무사히 해낼 수 있을까? 자아의 의지와 사고, 노력의 경계를 넘어 우리에게 강력한 힘을 실어줄 은총에 마음을 열고 심리적인 작업과 영적인 작업을 결합하는 일에 도전하라.

심리적 과제는 기능적인 자아의 능력과 관련이 있다. 이것은 살면서 일어나는 각종 사건과 감정, 상황들을 인지하고 처리하고 해결하며 습득한 우리의 일부분으로 이 과정에서 우리는 받아들이거나 변하고, 버리거나 재생한다. 그래서 우리의 대처 방식도 매번 달라지는데, 이것이 심리적 변화다.

우리의 영적인 소임은 신경증적 자아의 두려움, 욕망, 통제, 판단으로부터 영향을 받지 않는 침묵의 목격자로 머무는 것이다. 이렇게 그저 지켜보는 자리에 있을 때, 즉 우리가 자아의 지배를 받지 않을 때 드라마의 족쇄로부터 해방되는 순간이 온다. 그렇게 '생겨난' 자유는 은총의 결과이자 우리를 한 인간으로서 넓고 깊어지게 만들고 완성시키는 힘이며 이것이 바로 영적인 변화다. 모든 혼돈의 한가운데에 공정한 목격자로 존재하는 이런 특별하고 완벽한 현재가 영적인 성숙을 가져온다. 이런 방식으로 어른이 되는 것이 진정한 인간이다. 쉽게 말하자면 노력으로 성취하고 은총을 입는 것이 인간의 운명인 것이다.

이 모든 것들 중에서 가장 주목할 만한 점은 심리적인 것과 영적인 것의 통합이 우리의 해방의 핵심이라는 것이다. 어떤 상황에서 문제를 인지하고 처리하고 해결하고 제자리로 돌려놓아야 한다는 강박 없이 그대로 머물 때 우리는 정반대의 것들과 손을 잡게 된다. 활동과 무위無爲, 자기주장과 수용성을 결합하는 것이다. 그러면 내면의 전쟁은 끝이 나고 양쪽 모두가 가지고 있는 모순된 진실은 삶의 속박으로부터 우리를 자유롭게 해준다. (이것이 변화의 궁극적인 의미다.) 변화가 일어나고 있다는 징표는 평화롭고 즐거운 마음으로 무조건 '예스'라고 하는 것이다. 그때가 되면 이전에 했던 그 어떤 대답보다 더 마음 깊숙한 곳에서부터 울려 나오는 소리의 진동을 느낄 수 있을 것이다.

우리는 이제 익숙한 나의 자리로 돌아왔다. 그 무엇도 다시는 우리를 겁주거나 팔다리를 묶어놓거나 중독에 빠지게 할 수 없을 것이다. 아직 문제는 남아 있지만 굳이 거론할 만한 것들은 아니다. 두려움이 여전히 남아 있지만 우리를 멈추게 할 수는 없고, 욕망이 꿈틀대더라도 더 이상 우리의 눈을 가릴 수는 없다.

우리는 위대한 날, 위대한 싸움, 혹은 위대한 힘을 기다리며 삶을 보낸다. 그러나 그러한 외적인 성취는 다수에게 주어지는 것이 아니고 필수적인 것도 아니다. 우리의 존재가 열렬하게 영성을 갈망한다면 그 영성은 우리의 보이지 않는 노력에서 나타날 것이다. 그 고귀한 단계에 도달하려면 모든 것이 필요한 동시에 아무것도 필요 없는 양극의 진실을 경험해야 한다. 이 세상이 우리의 입맛을 다 채워줄 만큼 넓지 않기에 모든 것이 필요하고, 우리를 만족시켜줄 수 있는 유일한 현실이란 거울 너머에 있는 것과 같기에 아무것도 필요하지 않다. 그러나 시들고 죽어가는 모든 것들이 우리로 하여금 이전보다 훨씬 투명해진 눈으로 현실을 바라보게 한다. 모든 것이란 전부와 무無, 양쪽 모두를 의미한다. 내게는 모든 것이 신이고 모든 것이 먼지다.

— 테일하드 드 샤르댕Teilhard de Charadin

13

무조건적인 사랑

───────────

제아무리 냉정한 한계도 사랑을 굴복시킬 수는 없다. 사랑은 감히 하고자 하는 모든 것을 할 수 있다.

—『로미오와 줄리엣』

- 사랑은 가장 훌륭한 인간의 미덕이다.
- 사랑은 인간의 삶의 이유이고 의미이며 결과다.
- 사랑은 기대나 필요, 변화와 통제, 누군가를 구제해주고자 하는 욕망을 조건으로 삼지 않는다.
- 사랑은 보내주는 것이지 매달리거나 통제하는 것이 아니다.
- 사랑은 우리에게서 아무것도 빼앗아가지 않는다. 사랑은 나눌수록 커지는 것이다.

- 사랑은 빛을 이끌어 가장 어두운 우울에서도 살아남는다.
- 사랑의 진실이 무엇이든 그것은 우리들 저마다에게 진실이다.
- 사랑과 우리는 하나의 기적이다.
- 사랑은 우리의 목표가 아니다. 그것은 우리의 정체성이지 우리가 달성해야 할 무언가가 아니다. 사랑은 언제나 우리가 어떤 사람이었는지, 그리고 어떤 사람인지를 말해준다. 그래서 사랑의 경험은 저마다 다른 것이다.
- 삶의 모든 선택은 사랑을 지지하거나 부인하거나 둘 중 하나에 관한 것이다.
- 인간관계에 닥치는 모든 위기는 더욱 사랑하라는 도전이다.
- 우리에게, 그리고 우리를 통해 일어나는 모든 일들은 절대적인 사랑을 어떻게 볼 수 있고 어떻게 보여줄 수 있을 것인가에 관한 것이다.
- 무조건적인 사랑은 가장 강력한 면역 체계를 갖게 해주고 정신적으로나 육체적으로 우리를 보호해준다.
- 사랑은 감정적으로 우리를 약하게 만들기도 한다. 그래서 더 부드러워지고, 빈틈이 많아지고, 접근하기도 쉬워진다. 그러나 한편으로 사랑으로 인해 우리는 더욱 단단히 중심을 잡고 강해지고 자유로워진다. 그래서 사랑이 심장 한복판을 꿰뚫고 지나가도 아무 일도 없었던 것처럼 온전히 일어설 수 있다.

• 실질적으로 우리는 다른 사람들의 사랑으로 인해 지금의 우리가 된 것이다. 어른으로서 우리가 가진 모든 자산은 우리를 있는 그대로 사랑해주고 나만의 자아를 드러내도록 용기를 주었던 누군가에게서 받은 선물로부터 시작된 것이다.

• 살아 있는 사랑의 대화 속에 우리의 뿌리가 있다. 사랑이 우리를 만들어내었고, 사랑이 우리를 원했기에 우리가 살아 있는 것이다.

• 사랑은 하나의 감정이 아니라 아낌없이, 상처받지 않고, 강력하고 진실하게, 의식적으로 '지금 여기에 존재하는 것'이다. 그것은 우리를 향한 남들의 행동과는 아무런 관계가 없다.

• 사랑이 무조건적으로 '지금 여기에 존재하기'를 선택하는 것이기에 우리는 사람들뿐만 아니라 우리 삶의 '그 무엇이든' 사랑할 수 있다.

• 타인을 향한 사랑의 출발점은 이성적이고 두려움 없이 우리 자신을 사랑하는 것이다.

• 사랑은 우리에게 모든 것을 있는 그대로 볼 수 있는 용기, 지혜롭게 볼 수 있는 용기, 유머 감각을 가지고 볼 수 있는 용기, 그리고 우리를 자유롭게 만들어주는 최고의 기회로 볼 수 있는 용기를 준다. 융은 "있는 그대로 긍정하고, 존재의 조건이 무엇이든 무조건 '예스'라고 대답하며 받아들이라."라고 했다.

• 어떤 사람이든 물건이든 혹은 사건이든 우리가 사랑해주

기를 원하고 우리가 그런 사랑을 줄 때 저마다 침묵으로 지켜왔던 비밀을 털어놓는다. 모든 것들은 저마다 불멸의 '예스'를 품고 있다. 조건 없이 사랑한다는 것은 광활하고 끝없는 긍정의 우주가 만들어내는 천체의 음악과 하나가 되는 것이다. 이런 사랑은 혼돈에서 질서를, 부분에서 전체를, 죽음에서 숨결을 만들어낸다.

• 도전이란 우리가 살면서 만들어낸 모든 '프랑켄슈타인'들과 우주가 우리를 놀래주려고 준비한 것들을 두려움 없이 받아들이고 사랑하는 것이다.

• 거울 속에 겁에 질린 내 얼굴이 보인다면 그것은 오랜 시간에 걸쳐 축적된 습관과 훈련의 결과일 뿐, 우리의 진정한 본모습은 제대로 알아봐주기만 하면 언제든 제 빛을 낼 준비가 되어 있는 힘과 사랑이다.

• 감정을 드러내고 마음에 들지 않는 자신의 모습까지 감싸 안으며 중독적이고 가학적인 관계에서 벗어나는 것이 나를 사랑하는 길이다. 그리하여 우리는 자신을 보살피고 누군가를 사랑할 수 있는 자신의 능력을 소중히 여기게 된다.

• 이런 방식으로 우리는 유한한 시간 속에서 무한한 사랑을 입증해야 하는 운명을 끌어안는다.

• 억누를 길 없는 무언의 동경을 채워줄 수 있는 것은 오직 사랑뿐이다. 우리의 삶은 무조건적인 사랑이 나타날 때까지 이상한 결핍감에 시달리다가 그런 사랑을 만나고 나서야 비로소

그동안 무엇이 부족했는지 깨닫게 된다. '만나'*를 발견하게 되는 것이다.

• 사랑에 대한 가장 복잡하고도 난해한 미스터리는 분명 사랑을 보여줄 수는 있는데 우리가 누군가를 얼마나 많이 사랑하는지, 그리고 우리가 누군가에게서 얼마나 깊은 사랑을 받는지는 결코 알지 못한다는 것이다.

• 사랑은 우리가 상상할 수 있거나 상상했던 것보다 훨씬 깊다.

• 때로 한 번의 윙크나 한 번의 터치, 말 한마디나 선물 하나가 미처 알지 못했던 사랑의 깊이를 드러내기도 한다. 그러나 그럴 때조차 우리는 사랑이 얼마나 큰지 다 알지 못하고 오직 그 순간 드러나는 징후만을 알아챌 뿐이다.

• 우리의 마음은 사랑이 얼마나 심오한지 이해하고 받아들일 수 있는 그릇이 되지 못한다. 행동으로 사랑을 보여줄 수는 있지만 우리의 마음이 그 사랑을 모두 담을 수는 없다.

• 사랑은 무슨 말로도 다 옮길 수 없다. 말은 우리 정신의 범주에 속한 것이고 사랑은 살아 있는 경험이기 때문이다.

• 사랑이 신비로운 이유는 우리에게 자신보다 더 위대한 힘을 품게 만들기 때문이다. 사랑은 우리 안의 우리를 넘어선 것, 신의 힘을 가리킨다.

---

* 이스라엘 민족이 사막에서 방랑하고 있을 때 예수가 내려주었다는 성서의 양식

• 이 모든 현실 중에서도 가장 귀한 것을 우리의 지성으로는 붙잡을 수 없다니 이 얼마나 가슴 아프고 당혹스러운 일인가! '모든 인간사에는 눈물이 있다.'

• 우리가 영적인 길을 걸어갈수록 모든 좋은 것들과 아름다운 것들, 살아 있음을 증명해주는 것들, 고통조차도 사실은 사랑임을 이해하게 된다.

• 삶의 겉과 속을 하나로 일관되게 묶어준 것은 언제나 사랑이었고 오로지 사랑이었다.

• 모차르트 음악의 아름다움을 즐기던 어느 날, 우리는 아름다움이란 초자연적인 사랑에 눈 뜨도록 만드는 교묘한 속임수라는 사실을 깨닫게 된다. 운율로 우리를 다정하게 쓰다듬으면서 음악은 유한성이라는 한계 속에 무한함을 드러낸다.

• 음악이 주는 축복을 우리는 본능적으로 느낀다. 음악이 수세기에 걸쳐 살아남은 것은 그것이 사랑을 전하고 사랑을 받는 것을 도와주기 때문이다. "우리는 사랑의 빛을 견디는 법을 배우기 위해 지구에 왔다."고 윌리엄 블레이크는 말했다.

• 음악은 사랑의 소리이며 예술과 드라마, 춤도 사랑의 다른 얼굴들이다. 지구와 모든 별들을 움직이는 것은 사랑이기에 우리의 마음을 움직이는 힘을 가지고 있는 것들도 틀림없이 모두 사랑일 것이다.

• 무조건적인 사랑은 연애와 섹스 속에서, 사람들을 기쁘게 해주려는 노력 속에서, 가족이나 그 밖의 유대 관계 속에서 우

리가 늘 찾아왔던 것이다.

• 무조건적인 사랑은 그동안 우리 안에, 우리 주변 어디에
나 있었으며, 언제나 그리고 이미 우리의 것이었다.

• 이 혼란한 우주 속에서 인간이 그토록 독특하고도 놀라운
존재인 것은 우리가 결코 사랑을 포기하지 않기 때문이다.

• 사랑을 주는 만큼 받을 수 있다는 확신도 없고 온갖 악조
건과 증오와 상처, 의미 없는 고통의 역사에도 불구하고 우리
는 사랑을 멈추지 않는다. 그리하여 모든 거대한 구멍마다 문
을 달고, 모든 금지된 벽에 문지방을 만드는 것이다.

• 우리에게 닥친 운명을 감당하면서도 사랑을 선택하는 능
력은 존중받아 마땅하다.

• 이 지구 위에서 우리가 맡은 역할은 더없이 특별한 것이
다. 우리는 진화의 가장 섬세하면서도 연약한 임무인 무無에서
사랑을 만들어내고 그것을 지켜가는 일을 불굴의 의지로 해내
고 있다.

인간은 계속해서 살아간다. 이로부터 나는 사랑이야말로 인간을
지배하는 법이라는 결론을 얻는다. 이를 증명하기 위해 노력하는
것이 나에게는 이루 말할 수 없는 즐거움이다.

— 간디Ghandi

자기확신을 위한 서약

이제까지의 모든 것에 감사 인사를!

앞으로 다가올 모든 것에 '예스'를!

— 다그 함마르셸드Dag Hammarskjold [*]

영적인 힘을 얻기 위해 이 말들을 수시로 반복하라.

- 나는 이 현실을 받아들인다 : 이것은 나의 몸이다.
- 나는 지금 이 순간에 복종한다.
- 사랑은 두려움이 차단해놓은 것을 품어 안는다.
- 나는 스스로를 돌본다.
- 나는 조금씩 더 많은 것을 내주면서 더 큰 평화를 만들어 간다.

[*] 제2대 유엔사무총장이자 경제학 박사

- 나는 '그렇게 해야만 한다.'는 고집을 버리고 선택을 한다.
- 나는 늘 선택할 수 있다.
- 나는 이 세상을 자유롭게 걸어간다.
- 나는 현실을 직시하며 나의 입장을 지킨다.
- 나는 통제하고 싶은 욕구를 내려놓을 힘이 있다.
- 나는 죄책감에서 벗어나는 즐거움과 힘을 누릴 자격이 있다.
- 나는 애써 노력하지 않고 필요한 것들이 자연스럽게 내게 로 올 때까지 기다린다.
- 나는 내가 해야 할 일을 하고 그다음은 우주가 하는 대로 믿고 맡긴다.
- 나는 내가 필요한 것을 가지고 내가 가진 것을 필요로 한다.
- 나에게 일어나는 모든 일은 나를 위한 것이다.
- 나에게 일어나는 모든 일은 나의 성장을 돕는다.
- 누군가를 향한 의무감을 내려놓을 때 나는 그 사람을 더욱 사랑하게 된다.
- 내 안에서 생겨나는 놀라운 변화를 받아들인다.
- 나의 성적인 선택이 내 기분을 좋게 만들고 나 자신에 대해 서도 더 좋게 생각하게 만든다.
- 나는 언제나, 그리고 이미 내가 가장 원하는 모습이다.
- 나는 두려움에서 벗어난다.
- 나의 삶은 풍족하고 완전하다.
- 나는 충분히 가지고 있으며 풍요롭다.

- 나는 나 자신과 다른 사람들의 기운을 북돋아준다.
- 나는 다른 사람들이 나에게 보여주는 진정한 사랑을 알아보고 감사한 마음으로 받아들인다.
- 나는 누군가에게 나를 사랑하고 싶은 마음이 들게 한다.
- 나는 나에게 중요한 모든 사람들에게서 사랑받고 인정을 받고 있다.
- 나는 내가 열렬하게 칭찬해 마지않는 다른 사람들의 장점이 내게도 잠재되어 있음을 안다.
- 나는 정말로 싫어하는 다른 사람들의 단점이 실은 부정하고 싶은 나의 일부라는 점을 인정한다.
- 나는 모든 결점을 능력으로 바꾼다.
- 나는 이 지구의 중요한 존재다.
- 나는 너무도 풍족한 사랑을 받고 있음에 감사한다.
- 내 심장이 고동을 치는 모든 순간마다 나는 이 세상에 사랑을 전한다.
- 나는 화해와 용서를 선택하고 나는 복수하고 싶은 욕구를 버린다.
- 나는 내 안에 충만한 사랑을 느끼고 드러낸다.
- 나는 내게 주어진 풍족함을 매번 새롭게 깨닫는다.
- 모든 사람과 모든 사물이 나의 스승이다.
- 나는 자신의 감정을 받아들이고 그것이 나의 길이 된다.
- 나는 나의 마음과 감정의 모든 움직임을 인정한다.

- 우주가 나를 유쾌한 인간으로 살아가도록 도와준다.
- 우주는 나의 변화를 지지한다.
- 나는 지금 이 순간에 완벽하며 있는 그대로의 나의 모습을 존중한다.
- 나는 다음 단계로 나아가기 위해 필요한 모든 빛과 기술을 가지고 있다.
- 나는 나를 둘러싼 갈등을 풀어 나간다.
- 나는 지금 처한 곤경을 있는 그대로 존중한다.
- 나는 어려움 속에서 지혜와 힘을 찾는다.
- 다른 모든 혼돈과 마찬가지로 이것 역시 평화롭게 끝날 것이다.
- 나는 다른 사람의 선택을 존중한다.
- 나는 세상에 연민을 느낀다.
- 나는 내 안의 두려움을 부드럽게 어루만진다.
- 나는 그 누구의 도움도 받지 못하는 위험을 감수한다.
- 나는 다른 사람의 도움에 마음을 연다.
- 나는 가진 것을 버리고 앞으로 나아간다.
- 나는 스스로 행복해지는 것을 허락한다.
- 나는 결과가 어찌 되든 내가 원하는 것을 요청한다.
- 나는 다른 사람에게 내가 원하는 것을 말하되 그들이 내 말을 꼭 들어주어야 한다는 고집을 버린다.
- 나는 다른 사람이 거절할 권리가 있다는 것을 인정하고 그

들의 거절을 그저 하나의 정보로서 받아들인다.

- 나는 다른 사람과 거리를 두는 것을 그만둠으로써 내가 얼마만 한 공간이 필요한지를 배운다.
- 나는 매달리는 것을 그만둠으로써 진짜로 가까워진다는 것이 무엇인지를 배운다.
- 나는 매일같이 있는 그대로의 나를 사랑한다.
- 나는 점점 더 많은 것을 양보하고 내준다.
- 나는 점점 더 많은 것을 받는다.
- 사랑은 내가 어디를 가든 나의 곁에 있다.
- 나는 나의 사랑을 보여준다.
- 나는 사랑으로 나의 세상을 환하게 밝힌다.
- 나는 과거의 모든 것을 그 자체로 완전한 것으로 받아들인다.
- 나는 사소한 하나까지도 모든 것이 다 특별해야 한다는 마음을 버린다.
- 지금 나는 이 모든 것을 사랑과 기쁨의 눈으로 바라본다.

시시각각 모든 것이 그 견고함을 잃어가고, 이제 빛은 나의 몸조차 통과한다.

— 버지니아 울프Virginia Woolf

옮긴이의 글

진짜 어른이 되기 위해서

고등학교를 졸업하고 대학생이 되었을 때 주위에서 '너도 이제 어른'이라고 했다. 대학교를 졸업하고 방송작가로 처음 사회생활을 시작했을 때 주위에서는 '제 앞가림을 시작했으니 어엿한 어른'이라고 했다. 그리고 결혼을 하게 되었을 때 주위에서는 '비로소 진정한 어른'이 되었다고 했다. 도대체 우리는 언제 '진짜 어른'이 되는 것일까.

국어사전에 따르면 '어른'은 '다 자란 사람'이라는 뜻이다. 그러니까 나이가 차서 자랄 만큼 자라고 나면 '다 자란 사람'으로서 어른의 삶이 시작된다는 말이렷다. 아이였을 때 나는 누구나 어른이 되면 세상을 술술 살아나가게 되는 건 줄 알았다. 그런데 막상 '어른'이 된 나는 삶에, 사람에, 사랑에 갈수록 더 서

220

툴러지고 부딪치고 상처받고 있었다. 어른이 되는 것이 처음이었으니 당연한 일이었는데, 아무도 나에게 어떻게 하면 '진짜 어른'이 될 수 있는지, 어떤 어른이 되어야 하는지 가르쳐주지 않은 것이다. 그저 나이가 들면 저절로 알게 된다고 했을 뿐이었다. 리허설 한 번 못해보고 덜컥 무대에 내던져진 초짜 배우가 기립박수를 받을 가능성이 얼마나 되겠는가 말이다.

그 누구도 저절로 '어른'이 되지 않는다. '진짜 어른'이 되기 위해서는 어른의 나이가 되어서도 노력하고 배워야 한다. 데이비드 리코 박사는 이 책에서 '우리가 대면하고 극복하며 더욱 성장해야 하는 것들'이 무엇인지를 보여준다. 세파에 다친 가슴을 '힐링'해주는 말랑말랑한 에세이가 아니라 진짜로 우리를 어른으로 만들어주기 위한 '기술서'에 가깝다. 그래서 자칫 딱딱하고 어렵게 느껴질 수도 있으나 자세히 들여다보면 차마 남들에게 털어놓지 못한 나의 내밀한 문제들을 귀신같이 끄집어내어 짚어준다. 독자들을 향한 저자의 '부디 한꺼번에 후루룩 읽지 말고 야금야금 아껴가며 읽고 되새김질하라'는 신신당부에 내가 천 번, 만 번 공감하는 이유가 여기에 있다.

우리가 앓는 온갖 마음의 병들, 현대사회의 복잡다단한 인간관계에서 부딪치는 문제들, 한시도 마음대로 되지 않는 사랑, 가족 간에 끊임없이 생겨나는 갈등. 내 안의 '합일'을 이루고 진정한 어른이 된다는 건 저자의 말처럼 '하나의 영웅호걸이 탄생하는 과정'만큼이나 어려운 일이다. 그러나 아무리 골치 아픈 기계라도 매뉴얼만 차근차근 살피면 되는 것처럼 우리들 마음의 매뉴얼을 제대로 읽는 것부터 시작해보자. 아무리 나이를 먹었어도 이런 과정을 거치지 않고서는 '다 자란 사람'이라고 말할 수 없다. 어른이 되기 위해 제일 먼저 내 앞에 끌어다 앉혀야 할 소통의 상대는 바로 나 자신인 것이다.

2017년 6월
김미나

옮긴이 **김미나**

다큐멘터리 구성작가로 청춘을 보냈다. 그 후 뉴욕 맨해튼에서 잡지사 기자로
활동, 현재는 플로리다에서 번역을 하고 있다. 옮긴 책으로『베어 그릴스 시리
즈』(전4권)와『이 소녀는 다르다』『마법의 순간』『달라이 라마의 행복』『버터플라
이즈』『윌 그레이슨, 윌 그레이슨』『어두운 복도 아래로』등이 있다

어떻게 진짜 어른이 되는가

ⓒ 데이비드 리코, 2017

초판 1쇄 인쇄일   2017년 7월 14일
초판 1쇄 발행일   2017년 7월 21일

지은이   데이비드 리코
옮긴이   김미나
펴낸이   정은영
편집   사태희
마케팅   이경훈 최금순 한승훈 정주원
제작   이재욱 박규태

펴낸 곳   (주)자음과모음
출판등록   2001년 11월 28일 제2001-000259호
주소   서울시 마포구 성지길 54
전화   편집부 02) 324-2347 경영지원부 02) 325-6047
팩스   편집부 02) 324-2348 경영지원부 02) 2648-1311
이메일   jamoteen@jamobook.com

ISBN   978-89-544-3783-7 (03180)

책값은 뒤표지에 있습니다.
잘못된 책은 구입처에서 교환해드립니다.

이 도서의 국립중앙도서관 출판예정도서목록(CIP)은 서지정보유통지원시스템 홈페이지
(http://seoji.nl.go.kr)와 국가자료공동목록시스템(http://www.nl.go.kr/kolisnet)에서
이용하실 수 있습니다. (CIP제어번호: CIP2017014383)